Manual do ceviche

Marco Espinoza

**UMA VIAGEM AO PERU GUIADA POR
SUA RECEITA MAIS FAMOSA**

Editora Senac Rio – Rio de Janeiro – 2025

Manual do ceviche: uma viagem ao Peru guiada por sua receita mais famosa
© Marco Espinoza, 2025.

Direitos desta edição reservados ao Serviço Nacional de Aprendizagem Comercial – Administração Regional do Rio de Janeiro.

Vedada, nos termos da lei, a reprodução total ou parcial deste livro.

Senac RJ

Presidente do Conselho Regional
Antonio Florencio de Queiroz Junior

Diretor Regional
Sergio Arthur Ribeiro da Silva

Diretora Administrativo-financeira
Jussara Alvares Duarte

Assessor de Inovação e Produtos
Claudio Tangari

Editora Senac Rio
Rua Pompeu Loureiro, 45/11º andar
Copacabana – Rio de Janeiro
CEP: 22061-000 – RJ
comercial.editora@rj.senac.br
editora@rj.senac.br
www.rj.senac.br/editora

Gerente/Publisher: Daniele Paraiso
Coordenação editorial: Cláudia Amorim
Prospecção: Manuela Soares
Coordenação administrativa: Vinícius Soares
Coordenação comercial: Alexandre Martins
Preparação de originais/copidesque/revisão de texto: Gypsi Canetti, Laize Oliveira e Jacqueline Gutierrez
Projeto gráfico de capa e miolo/diagramação: Priscila Barboza
Pesquisa e redação: Bruno Agostini
Fotografia: Tomás Rangel
Impressão: Coan Indústria Gráfica Ltda.
1ª edição: abril de 2025

CIP-BRASIL. CATALOGAÇÃO NA PUBLICAÇÃO
SINDICATO NACIONAL DOS EDITORES DE LIVROS, RJ

E77m

    Espinoza, Marco
        Manual do ceviche : uma viagem ao peru guiada por sua receita mais famosa / Marco Espinoza. - 1. ed. - Rio de Janeiro : Ed. SENAC Rio, 2025.
        160 p. ; 24 cm.

    Inclui índice
    ISBN 978-85-7756-540-5

    1. Culinária (Frutos do mar). 2. Ceviche. 3. Culinária peruana. I. Título.

25-96425
CDD: 641.6920985
CDU: 641.8:613.681(85)

Meri Gleice Rodrigues de Souza - Bibliotecária - CRB-7/6439

Antes de mais nada, este livro é uma homenagem a Pedro Solari, pai do ceviche moderno, que costumava dizer: "Deus inventou o ceviche, e eu aperfeiçoei."

Mestre de cozinheiros como Gastón Acurio e Javier Wong, que se consideram seus pupilos, ele nos deixou na Semana Santa de 2020, no início da pandemia da covid-19, aos 99 anos.

Pedro Solari é um exemplo para mim, assim como para todos os cozinheiros do Peru. A ele, todos os amantes do ceviche devem reverência.

Sumário

Prefácio • 11
Apresentação • 15
Agradecimentos • 19
Introdução • 21

HISTÓRIA E CULTURA • 27

Complexa identidade que representa a formação cultural peruana • 27
Tempos ancestrais: 2 mil anos de história • 29
A etimologia: palavra se consagra no século XIX • 30
Século XX: popularização e mudanças • 36
Século XXI: a revolução da gastronomia peruana • 37

GUIA DE CEBICHERÍAS DE LIMA • 43

Relato de nossas viagens com destaque para os principais endereços da capital • 43
A velha guarda da cozinha peruana • 45
Convidado de honra para os 10 anos do Lima Cocina Peruana • 55
E nasce uma nova e revolucionária geração • 58
Herdeiros de Gastón Acurio • 63
Mercados, pescadores e feiras • 71

RECEITAS • 81

Adaptação • 83
Ceviche para cozinheiros brasileiros • 84
Alguns ingredientes principais • 85
Receitas-base • 86
Ceviches • 95
Sobremesas • 143
Drinques • 147

Índice de receitas • 157

Prefácio

Este livro sempre foi um sonho. Mas também sempre foi algo que eu pensava ser impossível realizar. Isso se deu por muitos motivos, sobretudo pela minha posição de cozinheiro imigrante que chegou ao Brasil há pouco mais de 15 anos em busca de novas oportunidades. Trabalhar forte para apresentar a cozinha peruana aos brasileiros era o propósito principal, afinal temos muito orgulho dela. Tão vasta e diversificada, nossa culinária sofre muitas variações regionais e influências estrangeiras, como as vertentes asiáticas da cozinha chifa - de origem chinesa - e da nikkei - de raízes japonesas. Existem as receitas do litoral vasto, das planícies áridas do norte, da floresta amazônica e das montanhas andinas. A paisagem natural tão diversa se reflete na comida, pela riqueza dos ingredientes.

Apesar de ser tão plural, existe uma palavra mágica que identifica e resume a nossa cultura alimentar imediatamente: ceviche. Somos ceviche! Cevicheros! Cevichanos! Cevichenses!

Resolvi, portanto, escolher esse assunto, fazer esse recorte específico, para começar a mostrar aos brasileiros o que acredito ser a verdadeira e tradicional cozinha peruana.

Esta é minha missão de vida: prestigiar e difundir minha tradição gastronômica, nossos costumes culinários. Sempre ficou na minha cabeça a ideia de que, para cumprir esse intento, não bastaria abrir restaurantes. Era preciso um documento que pudesse viajar e estar na casa das pessoas, e que estas pudessem ainda usá-lo na cozinha para preparar os próprios pratos: assim nasce o *Manual do ceviche: uma viagem ao Peru guiada por sua receita mais famosa.*

Nessa minha caminhada, conheci muita gente; poucos se tornaram especiais. No caso do Bruno Agostini, tê-lo conhecido na véspera da abertura do meu primeiro restaurante no Rio de Janeiro, o Lima, em Botafogo, foi como um amuleto.

Jornalista apaixonado pela gastronomia e admirador fiel do Peru, senti que tinha diante de mim um parceiro para transformar em realidade o sonho do livro que cultivo desde os 18 anos, quando resolvi ser cozinheiro.

Em nossa primeira conversa sobre o projeto, ele não só apoiou a ideia como se mostrou muito feliz ao ser convidado para participar. Foi dessa maneira que começou a tomar forma este trabalho, concebido para acrescentar conhecimento à gastronomia peruana no Brasil.

Queremos apresentar a história e a diversidade do ceviche, bem como sua versatilidade, oferecendo, ao mesmo tempo, informações para o preparo de uma boa receita. Neste livro, mostramos seus preparos básicos, sua espinha dorsal, que são quatro elementos básicos, além do peixe: sal, limão, cebola e pimenta. Mostramos até os diferentes métodos de tempero e montagem, e as diversas guarnições possíveis, sobretudo os milhos e as batatas.

O ceviche é, porém, um livro aberto, e as adaptações, ocasionadas em razão do paladar de cada um e mesmo da disponibilidade dos ingredientes, não só estão liberadas como são incentivadas. Use a sua imaginação.

Provavelmente você não vai encontrar camote no Brasil. Use batata-doce laranja. Não tem ají? Vá de malagueta, pimenta-de-cheiro, cumari, dedo-de-moça... Não tem milho-branco? Troque pelo que tiver na feira. Até pipoca vale, por que não? Falta a lima agria, que usamos no Peru? Vá de taiti, siciliano ou quem sabe até galego, tão característico do Brasil. Já usei e funciona perfeitamente.

O ceviche acabou se tornando muito popular no Brasil, sendo preparado em muitos restaurantes, por diversos chefs, em casas dos mais diferentes estilos. Podemos encontrá-lo em botecos e bares dedicados à cozinha brasileira, tanto quanto em endereços italianos, franceses, argentinos... Difícil um hotel importante que dá atenção à gastronomia não ter um ceviche no menu. É algo que o brasileiro consome muito. Melhor dizendo, que passou a consumir com muita frequência recentemente. Por isso, ainda falta informação.

O *Manual do ceviche* vem, então, para ser fonte de informação. Um receituário, que explica o preparo da maneira mais fiel às tradições, mostrando a evolução, as variações e adaptações ao longo do tempo. Foi feito para quem quiser entender as bases, os cortes, as cocções e tudo o mais a respeito desse processo, dessa filosofia culinária, desse milenar jeito de preparar e servir a comida. Mas também de compreender um pouco de sua história tão rica.

O ceviche é assim: reúne em uma mesma cumbuca muita sabedoria ancestral, muito sabor, muita variedade e versatilidade. Um conceito gastronômico milenar em eterna evolução e com muita história para contar. "O ceviche é a simplicidade bem-feita. Com o tempo, fui voltando às origens, tirando ingredientes do preparo",* resume Javier Wong, famoso chef peruano, de origem chinesa, à frente do restaurante que carrega seu sobrenome, situado no bairro de Santa Catalina, um pouco afastado da região central e mais turística de Lima.

---

* Extraído de entrevista realizada pelo autor durante visita ao restaurante Chez Wong, em abril de 2023.

Apresentação

No meu peito, sobre o coração, costumo carregar a marca "Peru", bordada em meu dólmã. Isso é um misto de orgulho de representar o meu país e uma forma de agradecimento.

O curioso é que a minha trajetória de Lima ao Rio de Janeiro – cidade na qual vivo hoje com a minha família – teve uma importante escala em Buenos Aires, onde conheci a minha mulher, que é argentina. Esse período foi fundamental para mim, também por ter sido ali que nasceu a minha vida dentro da cozinha.

Quando cheguei à Argentina, em 1998, eu tinha apenas 18 anos e nenhum conhecimento de gastronomia. Fui para trabalhar, juntar dinheiro e voltar ao Peru. Depois de seis meses, matriculei-me no Instituto Argentino de Gastronomia, onde estudei por dois anos e meio. Nesse período me apaixonei pela cozinha.

Em meados de 2002, terminei os estudos e montei o meu primeiro restaurante, o Moche Manjares del Peru. Em seguida, abri uma sanduicheria, El Chalaco, ambos em Palermo, Buenos Aires. Administrei essas casas até 2009, quando decidi viajar para Brasília.

Fui à capital brasileira a convite de um festival de gastronomia. Em razão do sucesso da minha participação, recebi – desses que são os meus sócios até hoje – uma proposta de sociedade para montar um restaurante, o Taypá Sabores del Peru.

Assim, em julho de 2010, nasceu o primeiro restaurante peruano de Brasília, que continua fazendo sucesso até hoje, firme e forte. Logo no início, ganhamos muitos reconhecimentos e prêmios, locais e internacionais. Entramos na lista

de melhores restaurantes de Brasília, do *Guia Quatro Rodas*, e fomos considerados o melhor da cidade por três anos consecutivos. Além disso, ganhamos uma medalha do governo do Peru, entregue a apenas dez restaurantes no mundo todo, em reconhecimento ao nosso trabalho de difusão da cozinha peruana. No Brasil inteiro, fomos os únicos a receber essa importante condecoração, de inestimável valor.

Mais tarde, em 2013, visitei o Rio pela primeira vez. Fiquei apaixonado de cara pela cidade – o que não é difícil – ao ver que os peixes e frutos do mar eram muito mais diversos, e de melhor qualidade, que em Brasília, por razões óbvias. Foi aí que surgiu a ideia de montar o nosso restaurante peruano no Rio. Nesse mesmo ano, nasceu o Lima Restô Bar (depois, o "sobrenome" mudou para Cocina Peruana), onde está até hoje, na rua Visconde de Caravelas, no bairro de Botafogo.

Em 2021, junto com meus sócios, decidi montar uma "dark kitchen", no auge da pandemia, e criar a nossa marca Cantón Peruvian Chinese Food, com uma pegada de restaurante chinês com toques peruanos e sotaque brasileiro, adaptada ao paladar local. E, assim, expandimos muito rápido. Hoje, temos duas lojas em São Paulo, duas em Brasília e duas no Rio, totalizando seis unidades.

Depois, em 2023, em paralelo ao crescimento do Cantón, criamos o Kinjo, um restaurante nikkei, em Copacabana. Em janeiro do ano seguinte, montamos a nossa segunda loja, em Brasília, e acabamos adotando o sistema de rodízio.

No meio disso tudo, ainda fui sócio do Muju, em Porto Alegre, além de abrir e fechar algumas casas. (Faz parte do negócio.) Criei também outra marca, Meu Galeto, com foco nos serviços de entrega, e inspiração nas casas de "pollo asado", típicas de Lima, mas com pitadas de Brasil, onde se ama um franguinho.

Hoje, então, temos o Lima de Botafogo, seis unidades do Cantón, duas do Kinjo e, no primeiro semestre de 2025, abrimos o El Chaco, uma parrilla argentina, também como um agradecimento ao país que me abriu as portas no universo da gastronomia e onde formei minha família.

Apresentação

Tenho o orgulho de ter trazido a essas terras brasileiras, nesses pouco mais de 15 anos, cerca de duzentos peruanos para trabalhar nos meus restaurantes, no bar, na cozinha e no salão. Alguns continuam comigo até hoje, e a maioria foi seguir o seu caminho, continuando, assim, a minha missão de difundir a cultura gastronômica de nosso país. Já perdi a conta de quantos bares e restaurantes peruanos existem hoje no Rio, e em outras cidades do Brasil, tocados por esses profissionais.

Até começar a escrever esse pequeno relato autobiográfico, eu não tinha parado para pensar em tudo o que aconteceu desde o dia em que saí de casa. Vir morar no Brasil nunca havia sido uma ideia para mim. Hoje, tenho filhos brasileiros e aprendi a amar o país. Sou muito grato por isso tudo.

Este *Manual do ceviche: uma viagem ao Peru guiada por sua receita mais famosa* é mais um sonho realizado.

Muchas gracias, Brasil!

Agradecimentos

À minha esposa Fernanda e aos meus quatro filhos, que são o que tenho de mais importante, o meu eterno agradecimento.

À Ivone, ao Tonino e à Madalena – responsáveis por hoje eu estar aqui no Brasil –, obrigado por terem confiado no meu trabalho lá no início.

Ao embaixador do Peru, Hugo de Zela, que foi quem me ajudou a estudar gastronomia e quem me levou ao Brasil para fazer meu primeiro festival, o meu muito obrigado.

Ao Bruno Agostini, por ser o primeiro que me acolheu no Rio de Janeiro e por acreditar no meu trabalho desde nosso primeiro encontro, sou imensamente grato.

À Carla Magalhães, por ser a minha primeira sócia no Rio e a responsável pela abertura do primeiro Lima Cocina Peruana, a minha gratidão.

Aos restaurantes La Mar, El Cevichero, Barra Chalaca, Don Fernando, El Cevichano e ao Mercado Surquillo, sou grato pela hospitalidade com que nos receberam.

Agradeço também ao Thomas Rangel, por fazer parte desta iniciativa.

De modo geral, muito obrigado a todos os meus colaboradores e companheiros de trabalho – aos que continuam comigo e aos que já estão em outros bares e restaurantes –, por me ajudarem a promover a cultura gastronômica do Peru no Brasil.

E um agradecimento especial à Editora Senac Rio, por acreditar no projeto.

A todos esses, dedico este livro.

Introdução

Este livro não quer guerra com ninguém. Não vamos discutir a origem do ceviche, nem defender a tese de que é um método de preparo originário do Peru. Até porque há, nas muitas versões existentes, informações verdadeiras e outras nem tanto.

Como se sabe, encontramos ceviche em toda a costa da América Latina voltada para o Oceano Pacífico, do Chile ao México, passando pelo Equador, pela Colômbia e até Bolívia, que perdeu seu pequeno litoral para o Chile no século XIX. Há incontáveis variações regionais e distintas teorias para a sua origem. Mas isto é certo: o ceviche não tem dono, o ceviche é de todos! Pan-americano. Plural. Democrático.

No entanto, só no Peru, é declarado patrimônio cultural, com data especial de comemoração: o Dia Nacional do Ceviche, 28 de junho, véspera do Dia de São Pedro, celebração criada em 2004. Foi a partir dessa data que a cozinha peruana, tendo o ceviche como ícone, começou a expandir para o mundo, com corpo diplomático de cozinheiros liderados por Gastón Acurio, seu embaixador.

O Dia Nacional do Ceviche seria a abertura das Fiestas Patrias do Peru, que duram um mês e culminam em 29 de julho, um dia depois da comemoração da declaração de independência do país.

Por isso, no final de 2023, o ceviche peruano foi oficialmente reconhecido pela Organização das Nações Unidas para a Educação, a Ciência e a Cultura (Unesco) como Patrimônio Cultural Imaterial da Humanidade. O anúncio oficial foi feito via mídias sociais, da seguinte maneira: "¡Felicitamos al Perú por la inclusión de la preparación y el consumo del ceviche en la Lista Representativa del Patrimonio Cultural Inmaterial de la Humanidad de UNESCO! #PatrimonioVivo

#PerúEsCeviche",* escreveu a entidade, fechando o post com emojis de peixe, limão e batata-doce. Eles sabem do que estão falando.

No Peru, porém, a grafia dessa iguaria é outra, escreve-se "cebiche", com "b". A origem do nome é igualmente controversa. Esse pode vir do idioma quíchua, do espanhol ou do árabe, e algumas teses indicam até ser uma referência geográfica. Controvérsias à parte, o propósito deste livro é prestigiar esse método de preparo histórico, ancestral, que teria origem pré-incaica.

Acredita-se que, por volta de 200 d.C., o povo mochica, que habitava o litoral norte do Peru, já usava suco de frutas ácidas e sal para marinar os peixes, conservando por mais tempo a carne e realçando seu sabor. Mais tarde, os incas incorporaram outros elementos: o ají, e, principalmente, a chicha, um fermentado de milho, espécie de cerveja ácida, de modo que os primeiros colonizadores registraram isso em seus relatos de viagem.

No início do século XIX, esse prato começou a aparecer em livros de receitas e se espalhar pelas ruas de Lima. Mas a forma como o ceviche existe hoje é mais recente, com mudanças verificadas sobretudo a partir da segunda metade do século XX.

No entanto, enganam-se os que acreditam que o ceviche é um prato meramente litorâneo. Evidentemente, ele é mais comum na costa do Pacífico, mas pode ser encontrado nas áreas montanhosas do Peru, como Cusco, e na porção amazônica do país. No primeiro caso, costumam usar a truta, peixe muito comum por lá, assim como o "paiche", que é como eles chamam o nosso pirarucu.

Por ser popular há tantos séculos e em tantos lugares, é um preparo que mudou muito ao longo do tempo. E continua nesse processo de se transformar e se adaptar. Quanto mais os anos passam, e quanto mais viaja pelo mundo, mais o ceviche ganha novas versões e criações autorais, porque também aceita muito bem a matéria-prima local, onde quer que esteja.

---

* Disponível em: https://x.com/UNESCOperu/status/1732399830599925936. Acesso em: 13 jan. 2025.

Introdução

É o que acontece hoje no Brasil, onde vemos chefs de todo o país usarem ingredientes tipicamente nacionais, como tucupi, pimenta-de-cheiro e caju, nas preparações de suas versões. Encontramos ceviche em restaurantes de todos os tipos, em casas dos mais variados perfis culinários.

Nas próximas páginas, vamos compartilhar com vocês umas pitadas de história, mostrando um pouco das origens do prato e como esse foi mudando ao longo do tempo.

Vamos apresentar ainda uma espécie de guia gastronômico de Lima – destino em alta que ganhou importância turística em razão da comida.

Nos últimos anos, várias publicações jornalísticas e entidades do setor colocaram o Peru como um dos melhores destinos gastronômicos do mundo. Caso da World Travel Awards, considerado o "Oscar do turismo", que vem há anos colocando o Peru no topo de suas listas. Concordamos.

Aproveitamos as viagens à capital peruana e fizemos essa seleção de lugares para os visitantes provarem alguns dos melhores ceviches, em um saboroso guia que passa por casas dos mais diferentes perfis. Até porque foi nessas mesas que este livro se fez. É nossa fonte de inspiração.

Por fim, fizemos uma lista com receitas, explorando as múltiplas possibilidades que essa técnica culinária possibilita. Não poderia faltar igualmente o método de preparo de um bom Pisco Sour, bem como de alguns doces típicos, para que se possa montar uma refeição completa, à moda peruana.

Boa leitura, bom apetite. Saúde!

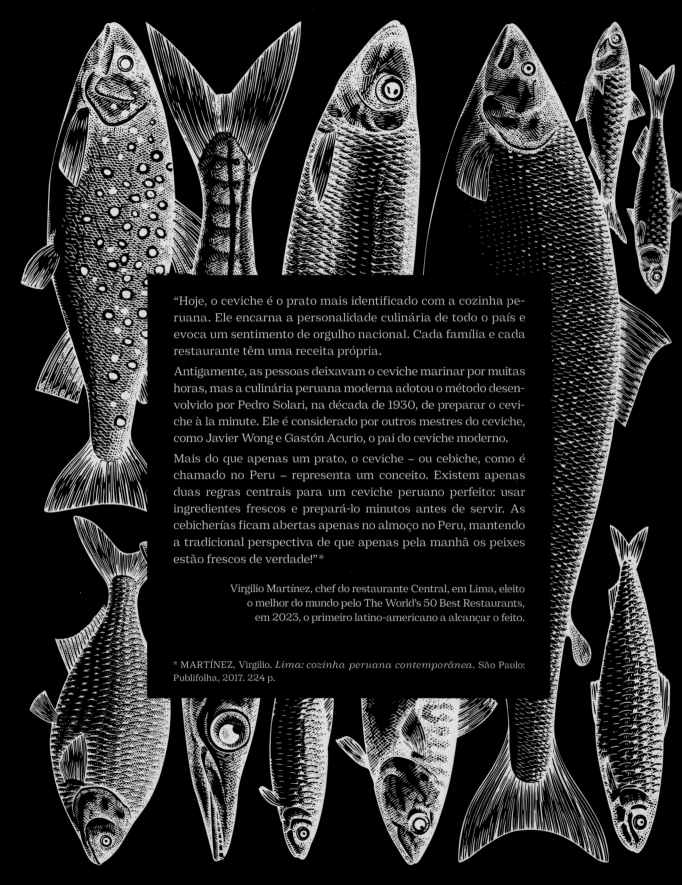

"Hoje, o ceviche é o prato mais identificado com a cozinha peruana. Ele encarna a personalidade culinária de todo o país e evoca um sentimento de orgulho nacional. Cada família e cada restaurante têm uma receita própria.

Antigamente, as pessoas deixavam o ceviche marinar por muitas horas, mas a culinária peruana moderna adotou o método desenvolvido por Pedro Solari, na década de 1930, de preparar o ceviche à la minute. Ele é considerado por outros mestres do ceviche, como Javier Wong e Gastón Acurio, o pai do ceviche moderno.

Mais do que apenas um prato, o ceviche – ou cebiche, como é chamado no Peru – representa um conceito. Existem apenas duas regras centrais para um ceviche peruano perfeito: usar ingredientes frescos e prepará-lo minutos antes de servir. As cebicherías ficam abertas apenas no almoço no Peru, mantendo a tradicional perspectiva de que apenas pela manhã os peixes estão frescos de verdade!"*

Virgilio Martínez, chef do restaurante Central, em Lima, eleito o melhor do mundo pelo The World's 50 Best Restaurants, em 2023, o primeiro latino-americano a alcançar o feito.

* MARTÍNEZ, Virgilio. *Lima: cozinha peruana contemporânea*. São Paulo: Publifolha, 2017. 224 p.

HISTÓRIA E CULTURA

Complexa identidade que representa a formação cultural peruana

Podemos imaginar a cena a seguir, que ocorreu, hipoteticamente, nos primeiros séculos da Era Cristã, por volta do ano 500 d.C. O povo mochica, que habitava as planícies costeiras do que é hoje o norte do Peru, preparava em uma linda cerâmica uma espécie de ceviche ancestral.

A louça continha alguns moluscos do gênero *Spondylus*, que eram marinados com tumbo, uma fruta ácida, e sal; acompanhados de milho-branco e camote – espécie de batata-doce laranja, muito popular no Peru. É provável que ainda usassem um pouco de huacatay, uma erva aromática, de sabor e perfume refrescantes, que seria a menta peruana. Essa receita era uma oferenda, já que a concha spondylus era considerada alimento dos deuses. No lugar do molusco, poderiam constar também linguado, corvina e até mesmo ouriço, ou outras conchas, pois os pescados eram a base da alimentação dos mochicas. Ou seja, esse poderia ser um prato do dia a dia dessa população, à qual muitos atribuem as origens do ceviche. A cena é hipotética, mas poderia ter acontecido e, assim, originado o nascimento dessa iguaria.

Os mochicas, além de serem hábeis ceramistas e construtores de barcos que usavam a totora, um resistente tipo de junco, tinham tradição na pesca costeira e exploravam outras paragens litorâneas do continente. Inclusive, faziam viagens para trocas comerciais a regiões relativamente distantes, que hoje são parte do Chile e do Equador (deste último traziam a sagrada spondylus).

Engenhosos canais de irrigação transformaram o Vale de Moche, de clima desértico, em uma planície fértil. Assim, era possível o cultivo de milhos e batatas, além de frutas, como lúcuma, chirimoia e o tal tumbo, da família do maracujá – que era usado para marinar peixes, o que justifica essa tese.

Estaria aí a gênese do ceviche. E não é de estranhar que esse método de preparo do peixe tenha se espalhado por quase todo o litoral do Oceano Pacífico, sendo popular do Chile ao México e não só em suas regiões costeiras. Faz todo o sentido imaginar que esse processo foi construído em conjunto por várias civilizações ao longo do tempo, na medida em que trocavam produtos e informações, tanto quanto aspectos culturais. A cozinha nunca foi algo estático, mas resultado de intercâmbios, e o ceviche é um grande exemplo disso.

Se o ceviche é pan-americano por natureza, foi no Peru que virou o grande protagonista da gastronomia tradicional. E foram, em sua maioria, cozinheiros peruanos que fizeram esse prato se tornar conhecido e popular em todo o planeta. No Peru, o ceviche tem tal importância para a cultura e a identidade nacional que provavelmente nenhuma receita encontra em qualquer outro país.

Desde a sua gênese, há cerca de 2 mil anos, poucos pratos no mundo representam tão bem os fluxos migratórios e a história da humanidade. Em sua composição teoricamente simples, encontramos raízes dos povos originários do Peru, sobretudo as populações costeiras do norte do país, assim como elementos apresentados pelos colonizadores europeus. A isso podemos somar a influência dos escravizados que foram levados da África, bem como a dos imigrantes asiáticos, que começaram a chegar ao continente americano no século XIX, vindos sobretudo da China e do Japão. O ceviche é resultado de tudo isso, do cruzamento milenar de culturas e ingredientes.

História e cultura

Com essa complexa identidade, que representa perfeitamente a formação cultural peruana, a receita acabou se tornando o prato nacional. Melhor dizendo, o ceviche se converteu no emblema maior da gastronomia peruana, porque não se trata exatamente de um prato, mas de um processo de preparo – que proporciona múltiplas interpretações e variações. É uma filosofia culinária, um conceito gastronômico.

No livro *Cebiches y otros pecados peruanos*, está destacada a seguinte frase: "O ceviche deixou de ser uma receita única para se converter em um universo em si mesmo, um conceito cultivado de mil maneiras distintas".*

Ao longo de todo esse tempo, o ceviche se entranhou de tal modo na alma peruana que se inseriu até mesmo na música! O prato é citado em "La chica", uma cancioneta que se tornou uma espécie de hino durante o período logo anterior à independência do país. Um trecho dessa canção repleta de referências gastronômicas, lançada em 1820, com letra de José de la Torre Ugarte e melodia de José Bernardo Alcedo, que dizia: "Ceviche, venha! Também convida e excita a beber!"**

Foi um dos primeiros registros oficiais da palavra. E, no ano seguinte, a mesma dupla de patriotas compôs o Hino Nacional do Peru, depois da Independência, em 1921. Uma prova de que o ceviche é anterior à nação e está gravado, literalmente, na história do país desde o berço e dos tempos ancestrais.

Tempos ancestrais: 2 mil anos de história

Não bastava ter a sua origem no povo mochica, o mais importante e avançado do território peruano no primeiro milênio da Era Cristã. Fruto de uma civilização desenvolvida, que dominou o norte do país por quase mil anos, o ceviche – para ser legitimamente peruano – precisaria passar ainda pelo crivo dos incas, que dispensam maiores apresentações. Pois, foi o que aconteceu.

---

* TRIVELLI, Carlo (org.). *Cebiches y otros pecados peruanos*. Lima: Aerolineas Editoriales; Ibero, 2015. p. 10.
** "El seviche venga, la guatia en seguida, que también convida y excita a beber", no original em espanhol. Disponível em: https://elperuano.pe/suplementosflipping/variedades/568/web/pagina03.html. Acesso em: 13 jan. 2025.

Aproveitando os saberes ancestrais dos povos originários do Peru, os incas deram sua contribuição ao desenvolvimento e à perpetuação do ceviche dentro da cultura alimentar do país. Se os mochicas usavam o tumbo no processo de cura e conserva do peixe, os incas adotaram a chicha, bebida fermentada de milho, uma espécie de cerveja ácida. Também acredita-se que ainda no período pré-colombiano a utilização do ají tenha sido mais reforçada.

No entanto, continuava faltando dois elementos para formar a espinha dorsal do ceviche, que perdura até hoje: o limão e a cebola. O peixe, o sal e o ají já estavam ali, sendo usados em conjunto, no preparo da comida, pelos povos originários.

Com a chegada dos invasores espanhóis, vieram igualmente muitos alimentos, entre eles o limão e a cebola. E assim, esse quinteto se consolidou como a fórmula básica da receita na virada do século XVII para o XVIII. Não é à toa que, a partir desse episódio, surgem os primeiros registros escritos da palavra.

A etimologia: palavra se consagra no século XIX

Se alguém estiver na dúvida da grafia correta de ceviche na língua espanhola, não deveria se preocupar; a própria Real Academia Espanhola, que dita as regras gramaticais da língua, aceita todas: "Existem, com distinta preferência de acordo com as regiões, as grafias cebiche, ceviche, sebiche e seviche. Todas elas são válidas e aparecem registradas no dicionário acadêmico",* afirmam os manuais da instituição.

No Peru, a grafia mais utilizada, consagrada pelo uso popular, é "cebiche", com "b". Apesar de não haver uma única grafia correta, visto que todas são aceitas, a origem do nome é controversa. Provavelmente para sempre. No entanto, há muitas teorias totalmente aceitáveis.

Pode vir do idioma quíchua, pelo termo "siwichi", que significa peixe fresco, ou do espanhol, pela palavra "cebo", que quer dizer isca, pedaço (como usamos

---

* Disponível em: https://www.rae.es/duda-linguistica/es-cebiche-o-ceviche. Acesso em: 13 jan. 2025.

aqui, por exemplo, em "isca de peixe empanado"). O nome pode vir até mesmo do árabe, língua que surge em duas das teses mais difundidas sobre o ceviche: poderia ser derivado de "sibesh", que quer dizer comida ácida; ou de "iskbê", alimento cozido em vinagre, e que teria a ver com a etimologia de escabeche. Quem sabe não virou uma contração disso tudo?

Existe ainda outra corrente que defende a origem geográfica da palavra. Ninguém menos que Virgilio Martínez escreve em seu livro *Lima – cozinha peruana contemporânea* que:

> Entre as muitas versões diferentes sobre a origem do nome "ceuiche", existem duas mais plausíveis aos peruanos. Siuinche é uma cidade em Arequipa, e em 1867 foi publicada uma receita de camarão marinado chamada "sivinche" no livro de receitas "A mesa peruana". A outra derivação provável é da palavra Quíchua 'siwichi', que significa "peixe fresco".*

Nem na Espanha, nem nas arábias, para ele a palavra tem origem no Peru. Fato é que o ceviche como conhecemos nos dias de hoje não só foi oficialmente nomeado como ganhou sua fórmula básica definitiva no século XIX: peixe, sal, ají, cebola e limão. Basta.

A palavra apareceu pela primeira vez nos registros oficiais no início do século XIX. Na mesma época, consagrou-se na receita o uso do limão e da cebola como ingredientes fundamentais, o que podemos chamar de espinha dorsal do ceviche.

Um dos primeiros registros da palavra faz parte efetivamente da história do país. A referida cancioneta "La chicha" foi feita para saudar a chegada do general San Martin ao Peru, com o intuito de libertar o país do domínio espanhol, movimento que ele liderava.

Na música há várias referências gastronômicas, como no trecho: "Ceviche, venha! Também convida e excita a beber!"**

---

* MARTÍNEZ, Virgilio. *Lima: cozinha peruana contemporânea*. São Paulo: Publifolha, 2017. p. 98.
** Disponível em: https://elperuano.pe/suplementosflipping/variedades/568/web/pagina03.html. Acesso em: 13 jan. 2025.

História e cultura

Deu certo. Essa música foi cantada pela população peruana em 28 de julho de 1821, dia da Proclamação da República. Mas, ainda em 1821, outra composição da dupla assumiu oficialmente a condição de Hino Nacional do Peru. Esta, mais solene, ignora a comida. Talvez hoje fosse diferente, e o ceviche estivesse celebrado ali. Foi nesse mesmo período que o limão e a cebola foram incorporados, e que o prato se popularizou pelas ruas de Lima.

Gastón Acurio sempre faz referência a essa difusão urbana do ceviche se irradiando para a cidade a partir do bairro de Malambo, que tinha historicamente a maior população de afrodescendentes da capital. Nesse local, as picanterías, que são bares típicos do Peru, simples e tradicionais, passaram a servir o ceviche em seus menus regulares. Logo estava, definitivamente, na boca do povo.

História e cultura

*La chicha**

Letra: José de la Torre Ugarte.
Melodia: José Bernardo Alcedo.

Patriotas! El mate de chicha llenas
y alegres brindemos por la libertad (bis)
Cubra nuestras mesas el chupe y quesillo,
y el ají amarillo, el celestial ají.
Y a nuestras cabezas la chicha se vuele,
la que hacerse suele de maíz o maní.
Ésta es más sabrosa que el vino y la sidra
que nos trajo la hidra para envenenar
Es muy espumosa y yo la prefiero
a cuanto el íbero pudo codiciar.
El Inca la usaba en su regia mesa,
con que ahora no empieza que es inmemorial
Bien puede el que acaba, pedir se renueve
el poto en que bebe o en gran caporal
El SEVICHE venga, la guatia en seguida,
que también convida y excita a beber
Todo Indio sostenga con el poto en la mano
que a todo tirano ha de aborrecer
¡Oh licor precioso! ¡Oh licor peruano!
licor sobrehumano, mitiga mi sed,
¡Oh néctar sabroso del color del oro,
del indio tesoro, patriotas bebed!
Sobre la jalea de ají rico untada,
con la mano enlazada el poto apurad
Y este brindis sea el signo que damos
a los que engendramos en la libertad
Al cáliz amargo de tantos disgustos
sucedan los gustos, suceda el placer
De nuestro letargo a una despertemos
y también logremos libres por fin ser
Gloria eterna demos al héroe divino
que nuestro destino cambiado ha por fin
Su nombre grabemos en el tronco bruto
del árbol que el fruto debe a San Martín

---

* Disponível em: https://elperuano.pe/suplementosflipping/variedades/568/web/pagina03.html. Acesso em: 13 jan. 2025.

Século XX: popularização e mudanças

Se, por um lado, o século XIX popularizou o ceviche, por outro, o XX tornou esse prato efetivamente o grande ícone da gastronomia peruana. A capital, Lima, naturalmente passou a reunir todas as variações regionais do prato, pelo fluxo natural de pessoas de todo o país. No entanto, a região norte do país continuou tendo grande influência, inclusive pela qualidade dos pescados que saem de lá para abastecer alguns dos melhores endereços da cidade. Isso deixou até mais claro que, mais do que ser "o prato nacional do Peru", como muitos se referem a ele, o ceviche é um modo de preparo totalmente diverso, que propicia muitas interpretações e adaptações.

Suas origens remontam a mais de 2 mil anos, como uma técnica que nasceu para preservar os alimentos, evitando bactérias e outros tipos de contaminação que podem ser nocivas ao organismo humano. Mas em vez de se extinguir pela falta de necessidade de conservação com chegada da refrigeração trazida pelas primeiras geladeiras, o processo se sofisticou e começou a se aperfeiçoar. Não era mais preciso fazer ceviche para conservar o pescado.

E agora, olha só, era possível fazer o ceviche no momento do pedido, manuseando na hora todos os ingredientes. Essa mudança amplificava suas virtudes, reforçando duas das características que se tornaram primordiais: o frescor e a delicadeza.

Quem primeiro observou essa possibilidade foi um cozinheiro histórico de Lima, Pedro Solari, um prodígio autodidata que começou a carreira ainda adolescente nos anos 1930. Seu restaurante no bairro de Jesús Maria, reduto de casas tradicionais fora do circuito turístico, tornou-se famoso em meados do século passado.

Pedro Solari começou a chamar a atenção de personalidades da época por sua cozinha inovadora. E se sabia que ele era taxativo a respeito do preparo, o ceviche tinha que ser feito na hora, de modo simples, com apenas cinco ingredientes: peixe, sal, limão, cebola roxa e ají. "Imagine que antes as pessoas preparavam o ceviche por três, quatro horas!",* dizia o mestre, que morreu aos 99 anos, durante a pandemia da covid-19, na Semana Santa de 2020.

---

* Extraído de entrevista realizada pelo canal El Comercio, em 30 jun. 2014. Disponível em: https://www.youtube.com/watch?v=dAlvViN46ck&t=15s. Acesso em: 14 jan. 2025.

Desde 1950, Pedro Solari é o cozinheiro mais influente do Peru. Mestre de nomes como Javier Wong, Gastón Acurio e Virgilio Martínez, Solari deu expediente no restaurante até a morte, poucos meses antes de fazer 100 anos, o que reforçou a percepção geral de sua importância histórica para o ceviche e, em consequência disso, para o país.

Outro marco temporal importante foi a inauguração, em Lima, no ano de 1973, do restaurante Matsue, pelo sushiman japonês Nobuyuki Matsuhisa, vindo de Tóquio. O empreendimento durou apenas três anos. Não importa. Os resultados desse curto período foram de suma importância para a exposição ao mundo da gastronomia peruana, anos mais tarde. Isso porque, para quem ainda não ligou o nome à pessoa, Nobuyuki Matsuhisa é hoje mundialmente conhecido como Nobu e tem dezenas de restaurantes e hotéis de luxo com seu nome espalhados pelo mundo.

Depois de outros trabalhos, na Argentina e no Alasca, Nobu chega a Los Angeles, em 1977. Dez anos mais tarde, ele abre um restaurante com seu sobrenome, o Matsuhisa. Eis que, em 1988, ninguém menos do que Robert De Niro, no auge da carreira, na onda do filme *Os intocáveis*, entra pela primeira vez no restaurante. O ator não só virou cliente, também em Lima, como insistiu para se tornar sócio, em Nova York. Então, em 1994, o primeiro Nobu em Nova York abre as portas. Assim, mesclando a tradição japonesa com ingredientes peruanos – marca da cozinha de Nobu –, o mundo passou a conhecer a cozinha nikkei.

De leve, o universo da gastronomia começou a observar o Peru, antevendo o que viria a seguir. No mesmo ano de 1994, também abre as portas, em uma mansão na rua Cantuarias, em Miraflores, o restaurante Astrid y Gastón.

O resto é história.

Século XXI: a revolução da gastronomia peruana

A partir dos anos 2000, estava armado o cenário, dentro e fora do Peru, para a gastronomia do país ganhar o mundo. Havia um chef reconhecido internacionalmente apresentando em Nova York a cozinha nikkei, no mais alto nível da

gastronomia mundial, com o ají, o ceviche e outras inspirações, e ingredientes que levou consigo desde seus tempos de Lima.

E, também, já existia um chef local com potencial de grande alcance, disposto a cumprir esse papel de embaixador. Acurio havia estudado na França e voltou ao país para abrir um restaurante com sua esposa alemã. Na virada do milênio, já era um sucesso, a marca começava a se internacionalizar: em 1999, ele abriu a primeira filial do Astrid y Gastón, em Santiago do Chile – uma cidade que, embalada na indústria do vinho, começava a sofisticar sua gastronomia, naquela época muito carente de opções.

Além de dois cozinheiros na linha de frente, levantando a bandeira da gastronomia peruana, havia, sobretudo, toda a bagagem histórica e a riqueza dos ingredientes peruanos, e sua cozinha rica e ainda desconhecida. O mundo tinha sede de novidades, e o Peru se tornou protagonista mundialmente a partir desse momento.

Gastón começou a se movimentar para fora de seu restaurante. Em 2002, o chef lançou seu primeiro livro, *Perú: una aventura culinaria*. Participou também do evento gastronômico mais importante do mundo naquela altura, a Feira Madrid Fusión, em 2006, que o levou ao reconhecimento internacional. Foi ali que o mundo conheceu o ceviche, tema principal de sua apresentação. O sucesso foi imediato. Outro marco histórico para a gastronomia peruana.

A reboque, conforme ganhava premiações importantes fora do Peru, Acurio levava junto seus companheiros, e a gastronomia inteira de seu país. Em 2008, o chef criou a Perú, Mucho Gusto, que logo mudou seu nome para Mistura, uma feira gastronômica que passou a levar cozinheiros do mundo todo ao Peru. Outro momento importante.

Tudo mudou de lá para cá. A quantidade de restaurantes consagrados em Lima se multiplicou, a exemplo do Maido, Isolina, Central, El Mercado, Kjolle, Cosme, Osso, Mérito e do Rafael – todos com reconhecimento internacional. E o ceviche quase sempre presente, com destaque.

Dessa maneira, um prato tão simples, que há menos de cem anos era restrito a pescadores e famílias menos abastadas, ganhou o mundo. E um livro.

AS QUATRO GERAÇÕES DO CEVICHE

"Nós vamos apresentar a vocês as quatro gerações do ceviche. Seria, pela ordem, o ceviche do seu avô, o ceviche do seu pai, o ceviche da sua geração e, por último, o da geração dos seus filhos",* diz Anthony Vazques, chef do La Mar de Miraflores, braço-direito de Acurio nesta cebichería icônica.

Vazques explica que ao longo das últimas décadas foram se estabelecendo novos modos de preparo, sendo que os tradicionais não foram – nem deverão ser – abandonados. Todos esses estilos convivem até hoje, cada um do seu jeito, com suas nuances.

O prato mudou muito desde os anos 1990 e ganhou novos elementos a partir de 2005, quando o ceviche ganhou os holofotes do mundo da gastronomia, após uma palestra de Gastón Acurio no Madrid Fusión.

Sobre as variações de preparo, Vazques afirma:**

> O primeiro é um que fazem muito no norte do Peru, e também em Lima, nos anos 1980. O peixe é marinado por muito tempo até que fique branco e solte um líquido, que é mesclado com o suco de limão e o suco da cebola. Se comia com yuca cozida, batata, camote, choclo e um ají mochero. Depois, o ceviche clássico, como fazemos agora, na atualidade. O pescado é feito no momento, sem cozinhar na marinada, tudo cortado e mesclado no momento, com poucos elementos, só cinco: cebola, ají, sal e limão, sem carboidratos, como yuca. Depois, um ceviche misto, como as pessoas gostam agora. Com muitos mariscos, às vezes com alguns deles fritos, e um leche de tigre vermelho, que é como preferem agora. E o último era um ceviche doce, com influência chifa, trazendo referências da imigração, que chegou com as novas gerações de ceviches. Ele nasceu de uma forma, e chegou nisso. Ligeiramente doce, com verduras curtidas, e com o peixe cortado em tiras, como tiradito, finalizado com amendoim e wonton frito.

---

* Extraído de entrevista realizada pelo autor durante visita ao restaurante La Mar, em Lima, em abril de 2023.
** Extraído de entrevista realizada pelo autor via WhatsApp, em 7 jul. 2024.

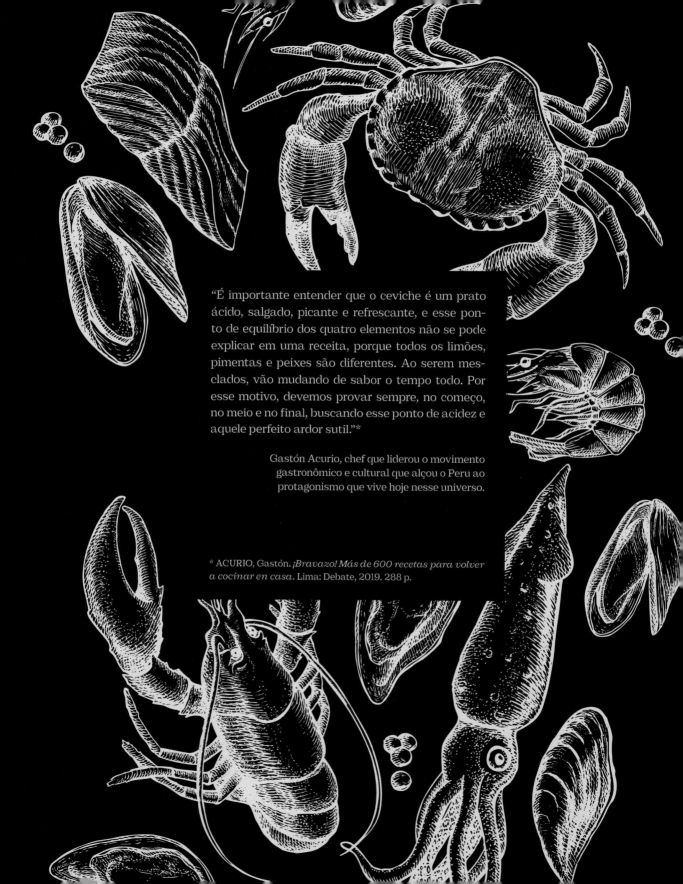

"É importante entender que o ceviche é um prato ácido, salgado, picante e refrescante, e esse ponto de equilíbrio dos quatro elementos não se pode explicar em uma receita, porque todos os limões, pimentas e peixes são diferentes. Ao serem mesclados, vão mudando de sabor o tempo todo. Por esse motivo, devemos provar sempre, no começo, no meio e no final, buscando esse ponto de acidez e aquele perfeito ardor sutil."*

Gastón Acurio, chef que liderou o movimento gastronômico e cultural que alçou o Peru ao protagonismo que vive hoje nesse universo.

* ACURIO, Gastón. *¡Bravazo! Más de 600 recetas para volver a cocinar en casa*. Lima: Debate, 2019. 288 p.

GUIA DE CEBICHERÍAS DE LIMA

Relato de nossas viagens com destaque para os principais endereços da capital

Por Bruno Agostini

Nosso aperitivo de boas-vindas, ainda pela manhã, foi um ceviche de ouriço no Mercado de Surquillo. Era um punhado da iguaria temperado com poucos elementos além de limão e cebola roxa, adornados por camote e milho-branco, para contrastar. Foi a minha estreia em Lima, com uma recepção de gala como essa.

Nove anos se passaram...

A refeição que fizemos no Don Fernando em nossa última viagem apresentou surpresas que ficaram gravadas na memória, como um ceviche em forma de dry martíni, de pisco, conchas negras e ouriço, bebível e comestível ao mesmo tempo. Fresco e pungente, picante e com aquela conhecida acidez vibrante, e com o sabor crocante da cebola roxa.

No Chez Wong, vivemos a experiência de acompanhar tudo de perto. Na casa desse chef de fama internacional, todo o processo de abertura e corte do linguado, bem como de todos os seus temperos, é feito à vista do cliente,

como um teatro, com coreografias precisas. O resultado é um prato simples, com seus sabores nítidos e destacados, que valoriza o frescor do mar. Uma experiência e tanto.

Estar em Lima é a oportunidade de explorar as infinitas maneiras de preparar e servir o ceviche. É uma cidade que tem museu dedicado à gastronomia. Onde é possível contratar programas turísticos como um passeio de barco em Chorrillos para comer ceviche a bordo, com pescadores, com tudo preparado por eles, como eles fazem normalmente. Há roteiros que contemplam visitas a mercados, com aulas de preparo de ceviche, que terminam em almoços temáticos de degustação.

Os lugares, em sua maior parte, estão concentrados nas áreas mais turísticas, de Miraflores, o bairro urbano mais nobre, e Barranco, epicentro da boemia. Mas é preciso explorar os arredores para viver uma experiência mais autêntica. Como ir até Jesús Maria, bairro com casas tradicionais do ramo gastronômico, como o Don Fernando – e onde ficava o restaurante do mítico Pedro Solari, um mestre na arte do ceviche, a quem dedicamos este livro.

Fizemos três viagens ao Peru para amadurecer a ideia deste *Manual do ceviche* e para buscar inspiração e referências. Fizemos um roteiro amplo. Vamos contar nas próximas páginas um pouco de como foram esses dias na capital peruana, em busca dos melhores, mais variados e mais tradicionais lugares para se comer ceviche na cidade. Foi um delicioso périplo, quase alucinado, que fizemos. Visitamos mais de trinta bares e restaurantes, nessas três viagens que somaram, ao todo, 12 dias corridos.

Na última visita, em junho de 2024, em um dos pontos altos das três viagens, foi servido ceviche de caranguejo cru. E outro quente, de pato com laranja. Esse universo é mesmo inesgotável e delicioso. E surpreendente. Não vive só do mar.

Com isso, apresentamos, a seguir, esse guia de cebicherías de Lima, para inspirar um roteiro de viagem gastronômica a esse destino de sonho para os amantes da boa mesa. E haja ceviche.

Bom apetite, boa viagem!

Guia de cebicherías de Lima

A velha guarda da cozinha peruana

Tínhamos uma reserva para almoço no Chez Wong às 14 h, de uma terça-feira, no primeiro dia de viagem. Logo cedo, pela manhã, fomos informados de que essa seria cancelada porque o chef não tinha conseguido bons linguados, frescos, pescados durante a madrugada, exigência que faz diariamente. "Se não tem peixe bom, não abro o restaurante", diz Javier Wong, uma das referências no assunto, um dos cozinheiros mais importantes para a história do ceviche.

O chef só usa linguado, proveniente das águas do litoral de Lima, e segue uma linhagem que hoje se chama de ceviche clássico, que usa poucos elementos: limão, sal e cebola cortada na hora, e o prato é servido com um pote com mix de pimentas frescas multicoloridas. Não entra coentro, milho, batata-doce ou mandioca. É a mais pura representação da receita, que pode receber alguns tentáculos de polvo, depende do chef de origem cantonesa. Trata-se de um lugar fundamental nos roteiros gastronômicos em Lima. Não deixe de fazer sua reserva, sabendo que se não tiver peixe não tem almoço...

No nosso dia, ele conseguiu apenas três exemplares, o que lhe facultava servir apenas dez pessoas, e algumas reservas foram canceladas. Com o salão meio cheio apenas, todos se colocaram nas mesas próximas ao balcão onde acontece o show. Pontualmente, com 1 minuto de antecedência de segurança, às 13 h 56, o chef desceu as escadas de sua casa e entrou no espaço que transformou em restaurante, com paredes cobertas de diplomas, recortes de jornais e fotos, muitas fotos. Em sua larga lista de clientes famosos, estão nomes como Bill Clinton, Anthony Bourdain e Eric Ripert, todos devidamente fotografados com o chef peruano.

Ele chega e, como se fosse um cirurgião, começa a limpar e cortar o peixe, com a ajuda de um assistente que mais parece um instrumentador cirúrgico, e entrega ao chef os itens pedidos, entre facas e ingredientes. Os flashes pipocam, todos fotografam e filmam Javier em ação, destrinchando o peixe. Então, com destreza, ele corta a cebola e a pimenta, como também o limão. Adiciona o sal, mistura os ingredientes e manda seu ceviche, o mais famoso de Lima, e,

portanto, do mundo. A experiência vai além da comida e carrega elementos teatrais, como se tudo fosse coreografado, e traz elementos antropológicos, muito bem representando a formação cultural peruana, onde os chineses têm importância histórica, com fortíssima influência na gastronomia.

Dessa maneira, com as aparas do peixe, ele faz um salteado cantonês típico, na wok, sapecando o linguado com os vegetais e os temperos que ele decide no dia, quando vai aos mercados e feiras do bairro chinês de Lima. Só ali é desse jeito. É o que se pode, de fato, chamar de experiência gastronômica.

Como costuma a dizer o chef: "O ceviche é a simplicidade bem-feita. Com o tempo, fui voltando às origens, tirando ingredientes do preparo."

Javier Wong já está, desde 1983, à frente do restaurante que funciona em sua casa, no bairro de Santa Catalina. Fica um pouco afastado das áreas mais turísticas da cidade, as que concentram os principais restaurantes da capital peruana. Tampouco é longe.

Entrevista com Javier Wong*

O que é o ceviche para você?
É a simplicidade bem-feita. Eu só uso linguado do Pacífico, pescado durante a noite, que eu busco de manhã cedo. Se não tem peixe bom, cancelo as reservas, e nem abro o restaurante, isso é inegociável. O peixe, do momento da pesca até o local de venda, não deve passar de quatro horas. Isso é importante, em termos de sabor e textura. Mas, é preciso muito cuidado no processo também: a cebola deve ser cortada na hora do preparo, por exemplo, e o limão deve ser pequeno, muito ácido e amargo, desses que são impossíveis provar puro.

Que outros cuidados devemos ter?
O mais importante é a origem do pescado. Logo que tiramos o peixe do mar ele já começa a se deteriorar. Fico muito preocupado com as mudanças climá-

---

* Disponível em: https://www.revistagula.com.br/comer/se-nao-tem-peixe-bom-nem-abro-o-restaurante. Acesso em: 02 dez. 2024.

ticas. As águas do mar estão muito quentes, sobretudo com fenômenos como La Niña, porque já estamos há quatro anos batendo recordes de calor, o que é péssimo para a agricultura, e para a pesca, em breve não vamos ter peixes de qualidade: 27 graus, um absurdo, eu preciso de águas geladas para trabalhar, para ter bom peixe. Os pescados daqui são de água fria, esse é um problema grave e que me deixa muito preocupado. Fora a poluição dos mares.

Por que só usa o linguado, tendo tantos peixes na costa do Peru?
É o melhor, tem uma carne delicada, com boa quantidade de gordura, e absorve bem os sabores que colocamos. Tem uma textura muito agradável, mantendo certa rigidez. Não há razão para eu usar outros. Quanto maior o linguado, mais rico e saboroso ele é, e eu só trabalho com os grandes, de até 18 quilos. Mas, hoje, temos muito pouco linguado disponível. E cada vez menos. Sobretudo os grandes.

O que o senhor pensa dos complementos geralmente utilizados no ceviche, como camote, milho, coentro etc.?
Sou inimigo disso, são tipos de farinha, amidos e carboidratos, glúten, coisas que não fazem bem à saúde, que engordam as pessoas. Trazem muitos males para o corpo, causam obesidade mórbida, são um convite às doenças, ao diabetes. Eu não como arroz, e nem batatas mais do que uma vez por semana. Ninguém deveria comer. Além de tudo, muito tempero serve para mascarar peixe ruim.

Como nasceu o restaurante?
A cozinha é cultura. Eu me tornei cozinheiro, autodidata, fazendo uma culinária híbrida, sino-peruana. Comecei a abrir minha casa, para receber as pessoas, e estou aqui neste local desde 1994. Escolhi de propósito. Como não é uma área turística, a pessoa vem só para comer, e eu gosto que seja assim. Ninguém entra aqui por acaso.

Já visitou o Brasil?
É o único país da América do Sul que não visitei. O chef Claude Troisgros veio me visitar aqui, com uma equipe de TV, e ficou comigo por três dias. Que sujeito simpático. Já me convidaram para abrir um restaurante no Brasil, em

São Paulo, mas achei tudo muito caro, e preferi não ir. Inclusive, uma cadeia de restaurantes japoneses, bem grande, me convidou para ir trabalhar com eles no Brasil. Não posso abrir outro restaurante, nem fazer trabalhos do tipo. Só posso ter uma casa, tenho convicção disso, porque eu cuido de tudo, da compra dos ingredientes ao preparo, e recebo poucas pessoas por dia, vocês viram. Não imagino fazer de outra maneira. Quando vou cozinhar fora, por exemplo, eu não abro a casa, e ainda levo a minha wok e o fogão, que já tenho há 30 anos, e que tem uma chama muito forte, o que é essencial para os salteados. É como se fosse um vulcão.

Que restaurantes gosta de frequentar?
Qualquer um, isso não me importa, eu como de tudo, sou onívoro. Mas, não saio para comer ceviche.

Guía de cebicherías de Lima

Guia de cebicherías de Lima

Dois anos depois da inauguração da Chez Wong, em 1985, outro movimento importante aconteceu em Lima, impactando a história do ceviche e da própria gastronomia peruana: a inauguração do restaurante Don Fernando. O estabelecimento abriu suas portas em Jesús Maria, outro bairro menos turístico da capital peruana, mas com importante atrativo gastronômico tradicional, um dos endereços mais recomendados da cidade. Basta lembrar que era lá o restaurante de Pedro Solari.

Mais que recomendado, essencial. Isso porque o Don Fernando entrega uma comida do mais alto nível, transitando como poucos entre os ceviches e outros acepipes marinhos, e a cozinha do interior, das fazendas da região de Guadalupe, no norte do Peru – origem da família. Outro endereço fundamental para entender o universo gastronômico do país.

Foi ali que provamos o ceviche quente de pato com laranja. Esta é uma linhagem muito particular do ceviche e teve início ainda no tempo da escravidão, quando era comum usar o limão, as pimentas e as ervas para limpar e marinar, antes do cozimento, os miúdos suínos e bovinos que eram entregues aos escravizados para a alimentação.

Antes dele, porém, nessa memorável refeição, veio uma sequência de ceviches de arrepiar. Tivemos um almoço fora de série nessa casa de perfil familiar, onde o chef Fernando Arturo Vera, e seu irmão, Fernando Antônio, se dividem entre a cozinha e o salão – e se mostram excelentes anfitriões. Até porque, quando se fala em hospitalidade, além de acolhimento e conforto, outra palavra que vem à mente de imediato é a comida. E a dupla entrega um menu que consegue ser tradicional, mas diferente de tudo, tanto pelos ingredientes especiais que trazem de Guadalupe quanto pelo modo como apresentam as receitas. Onde mais encontrar ceviche de caranguejo cru, ou um "dry martíni" de pisco, com conchas negras e ouriço-do-mar? Eu nunca tinha visto...

De boas-vindas, serviram um ramequim com molho de pimenta, chips de batatas e a canchita, aquele milho tostado e crocante, clássica companhia de um bom ceviche, viciante como pipoca. E um Pisco Sour. Logo em seguida, uma dupla de ceviches inesquecível: de conchas negras e de ouriço, guarnecidos por batata-doce cozida e milho-branco.

Na sequência, o tal drinque comestível, que também podia ser bem consumido aos goles, seguido por outra variação do ceviche, que traz um elemento crocante em lugar da canchita: o peixe frito. No caso, era o pejerrey, uma espécie de manjubinha vitaminada, um pouco maior. Eles coroam o ceviche, que tinha o próprio peixinho, só que limpo, em forma de filés com pele, como elemento principal.

A farra continuou ao sabor de dois ceviches inéditos para mim: de caranguejo e de pitu, ambos crus (crustáceos geralmente são ligeiramente cozidos nos preparados mais comuns de ceviche). E o almoço seguiu com patinhas de porco com sangue de cabrito coagulado e aipim; ceviche quente de pato com laranja e mondongo (estômago) de cordeiro com batata. Para quem até agora não percebeu que o lugar, de fato, é autêntico, tradicional, e mesmo assim diferente do resto.

Imperdível resume.

TURISMO EM LIMA

Até o início dos anos 2000, o turismo em Lima funcionava praticamente como hub, destino de passagem dos visitantes que se dirigiam a Cusco e Machu Pichu, entre outros lugares com grande valor histórico que o Peru abriga. Em 1999, essa indústria representava menos de 1% do produto interno bruto (PIB), com volume de aproximadamente US$ 500. Vinte anos depois, em 2019, esse valor aumentou 10 vezes, chegando a quase US$ 5 bilhões, representando pouco mais de 2% do PIB. No período, o número de visitantes estrangeiros saltou de 700 mil pessoas para mais de 5 milhões.

Convidado de honra para os 10 anos do Lima Cocina Peruana

Ainda mais antigo que o Chez Wong e o Don Fernando, é o restaurante Cebichería La Red, inaugurado em 1981, servindo desde então "comida caseira e tradicional", como sempre destacam. Isso significa, em se tratando de Lima, de uma casa que vai servir não só pratos mais encorpados da cozinha crioula, mas uma especialidade que se confunde até com o nome da cidade. Pensamos em Lima, pensamos em ceviche na mesma hora.

Um dos endereços mais tradicionais da cidade, o La Red foi fundada por Doña Isolina Vargas Reyes como negócio familiar, explorando a cozinha urbana e plural que se encontra nos lares limenhos. Isso significa uma mescla de ingredientes nativos com técnicas levadas ao país por colonizadores, imigrantes e escravizados. Nessa seara, o ceviche é item obrigatório.

Um dos segredos dessa culinária ancestral servida no La Red é o tempero de Doña Isolina, que ficou famoso na cidade, e que representa a alma da cozinha peruana. Quem herdou esse talento foi seu filho, José del Castillo, que assumiu o comando do restaurante em 2001. Com esse DNA privilegiado de quem cresceu envolvido pelo mundo da gastronomia tradicional limenha, Castillo se converteu em um dos nomes mais importantes do setor, posição que consolidou em 2015, quando inaugurou a Isolina Taberna, no coração boêmio de Barranco, em uma linda casa colonial. Hoje, tem filial em Surco – bairro que vem ganhando espaço na cena gastronômica de Lima.

Ali, onde rende homenagem à mãe, ele explora todas as possibilidades da cozinha típica da capital, o que lhe alçou à fama internacional. É esse lugar que faz de Castillo um dos chefs mais requisitados e premiados do Peru atualmente, com destaque para Isolina, que figura em listas de melhores do país e da América Latina.

Seu ceviche é famoso, e o clássico da casa leva o nome de "El Rey de Reyes", em referência ao sobrenome da família e à realeza do prato. Peixe branco do dia, de preferência linguado ou corvina do Pacífico (diferente da brasileira) com

chicharrón de polvo, que são discos crocantes dos tentáculos – cuja utilização para finalizar o prato é uma tendência dos últimos anos, e que não existe nos formatos clássicos. Outra especialidade da casa são as conchas a la chalaca,* mariscos temperados como ceviche, mas servidos para serem comidos como um só bocado, e com as mãos.

Após dois grandes almoços lá, recomendamos com entusiasmo a Isolina Taberna como outro desses endereços essenciais para tatear a alma da gastronomia típica de Lima. A casa é uma instituição tradicional, a exemplo do La Red, uma referência quando o assunto é ceviche e afins. Na lousa com sugestões do dia, podem figurar extras, como ceviche de pato, que parece ser cada vez mais comum nos restaurantes de Lima, um preparo muito interessante.

* No Peru, "chalaca" é um gentílico, uma palavra usada para se referir a algo ou alguém natural da cidade de Callao, que é um importante porto e uma área metropolitana próxima a Lima. O termo também pode se referir a um estilo culinário típico da região, especialmente relacionado ao ceviche e outros pratos de peixes e frutos do mar.

Tivemos o prazer de receber José del Castillo no Rio em julho de 2023, para um almoço festivo, na esteira das comemorações dos 10 anos do Lima Cocina Peruana. Como não poderia deixar de ser, a primeira sugestão de entrada era o Ceviche Isolina. Foi uma grande tarde!

MENU DO ISOLINA TABERNA EM LIMA (2 DE JULHO DE 2023)

Entradas:

- **Ceviche Isolina:** peixe do dia, leite de tigre, batata laranja e milho cancha peruano com milho fresco.
- **Anticucho de pulpo con camarón:** espeto de camarão e polvo, com batatas douradas e milho chimichurri peruano.
- **Papa rellena:** croquete de batata recheada com carne e acompanhado de molho de pimenta peruana e salada de cebola.

Platos principales:

- **Seco de costillar:** costela de boi cozida com pimentas peruanas e cerveja acompanhada de arroz branco e purê de mandioca.
- **Tacu tacu con picante de mariscos:** mistura de feijão peruano com arroz e molho cremosos de camarão, lula, polvo, peixe e parmesão.
- **Lomo saltado:** filé mignon salteado com cebola, tomate, molho de soja e pimenta amarela, com batata frita e arroz.

Postre:

- **Merengado de lucuma:** suspiro crocante com mousse de lúcuma, fruta típica do Peru.

E nasce uma nova e revolucionária geração

Gastón Acurio tem em Javier Wong e em Fernando Arturo Vera duas referências, assim como em Pedro Solari. Gastón é o elemento de transição, figura central entre os cozinheiros da velha guarda peruana. Sua sabedoria ancestral, com a nova geração, trouxe novas técnicas, frescor, criatividade e inovação à culinária tradicional. Chegaram a cogitar sua candidatura à presidência do Peru, e nas pesquisas iniciais ele ia bem, mas descartou a ideia. Tinha chances, a gastronomia mudou o país, e hoje os jovens sonham em ser cozinheiros, como acontece aqui, com as crianças que desejam ser jogadoras de futebol.

Para fazer uma verdadeira revolução na gastronomia peruana, ele usou a base clássica como ponto de partida. Ser inovador, nesse caso, foi simplesmente olhar para o passado e prestigiar as tradições culinárias do Peru.

Então, já fazendo imenso sucesso com seu Astrid y Gastón, que já tinha até filial no exterior, em 2005, Acurio inaugura o restaurante La Mar Cebicheria, em Miraflores, outro marco na história do ceviche. Com filiais na Argentina, Chile, Colômbia, Miami, San Francisco, Dubai e Doha, Gastón foi responsável por inserir o ceviche, definitivamente, no cenário mundial. Basta lembrar que, no ano seguinte, e até em função do nascimento dessa nova marca, ele fez a palestra histórica falando do ceviche no Madrid Fusión 2006.

O La Mar entra, sem sombra de dúvidas, em qualquer lista de restaurantes imperdíveis em Lima, pelo que é, pelo que representa e por todo o seu legado e importância. As duas visitas que fizemos foram impecáveis. A mais nítida na memória foi em abril de 2023, e o que vivenciamos foi uma verdadeira aula de ceviche. Aquela apresentação magna feita por Anthony Vazques, chef do La Mar de Miraflores, mencionada na seção "As quatro gerações do ceviche" no capítulo anterior.

Além do primeiro serviço impecável, quando trouxe quatro ceviches, apresentando a evolução do preparo nos últimos cinquenta anos, foi impossível não se lembrar (recomendando com ênfase) da barcaça de "crudos". Trata-se de uma verdadeira sinfonia de frutos do mar, composta por vieiras, ostras, najavas,

conchas negras, camarões, caranguejos e uma série de peixes (chama-se "La Gran Chalana La Mar"). E do misto de pescados fritos, que, entre os molhos de acompanhamento, tem um bem colocado leite de tigre picante.

O menu da casa lista nada menos do que nove tipos de ceviche – e pode haver sugestões do dia, pontuais, de acordo com a matéria-prima. Há ainda algumas variações do preparo, em forma de tiraditos e petiscos frios, como as almejas, que são mariscos carnudos, de carne branca e delicada, e que ali ganham o realce dos temperos tradicionais deste prato: o limão, a pimenta, o milho-branco. E as chamadas Conchas Bachiche, servidas com leite de tigre cremoso e manjericão. É um festival, uma verdadeira universidade aberta do ceviche.

O La Mar içou as velas do ceviche, levantando a bandeira deste preparo que passou a capitanear o movimento de valorização mundial da gastronomia peruana. Entre suas marcas, uma das mais novas é a Barra Chalaca, criada em 2015, que assim se define: "Somos um pequeno bar e cevicheria, de porções generosas, tempero com pegada, muito molho e atitude 'chalaca'."*

Afora a capital peruana, a marca pode ser encontrada no Chile, em Santiago (com seis filiais), e na Bolívia, em Bogotá (com três lojas). Uma de suas três unidades em Lima não fica muito longe da Chez Wong, em Santa Catalina. O lugar faz jus ao nome. Com clima de barraca de praia, honra a tradição das cevicherias tradicionais de Lima, que, em nome do frescor dos pescados, só funcionam no horário de almoço (nesse caso, diariamente, das 11 h às 17 h).

---

* Slogan do restaurante Barra Chalaca. Disponível em: https://www.barrachalaca.pe/. Acesso em: 13 jan. 2024.

Logo de cara, fomos em uma versão criativa de ceviche, que funcionou muito bem: eram as "tortitas de choclo con su cebichito cremoso". O preparo instigante, com pequenas panquecas de milho com um delicado e saboroso ceviche cremoso, apresentava seus itens cortados em tamanho menor, miudinhos.

A cada visita, o ceviche mostra que se trata de uma filosofia de preparo quase inesgotável, em suas possibilidades de variação, e onde a criatividade é bem-vinda. Sempre somos apresentados a novas formas de fazer e servir.

Como prova da similaridade dos preparos, e reforçando o grau de parentesco que existe entre os ceviches e os tiraditos, um setor do menu é dedicado a eles. Além das 11 opções disponíveis, havia os especiais do dia, com alguns itens como ouriço. Demos essa sorte, e pedimos um, que me levou à certeza de que um ceviche de ouriço é algo fora da curva, acima da média, onde encontramos os sabores marinhos mais profundos, o retrogosto interminável. Há quem não goste. Não sei se agradeço ou lamento, pois já se trata de um ingrediente caro, e se fosse popular talvez custasse até mesmo mais.

Fechamos a conta com outra boa expressão do ceviche, que pode ser classificado como uma das gerações, aquela com pescados como polvo, camarão e lula, por exemplo, preparados em um leite de tigre vermelho, ainda mais apimentado. Essa versão está na moda, e o almoço nos fez entender as razões.

Nesses laboratórios de imersão no mundo do ceviche que fizemos em Lima para inspirar este livro, temos inclusive muitos outros endereços a destacar.

Herdeiros de Gastón Acurio

A riqueza da gastronomia peruana é imensa. Estava prestes a explodir ao longo dos anos 1990, mas precisava de um elemento catalisador, capaz de fazer esse imenso patrimônio alimentar se mostrar para o mundo.

Sob a égide desse legado vieram vários chefs. Um dos primeiros a se destacar nesse embalo foi Rafael Osterling, que, a partir de 2000, abriu seus restauran-

tes, a começar pelo que leva seu primeiro nome. Em 2010, começou a expandir os negócios, culminando com a inauguração, em 2012, do El Mercado, um lindo restaurante, aberto e com muitas mesas ao ar livre.

Osterling dá um toque refinado à cozinha peruana tradicional, lugar de referência para provar ceviches e variações sobre este mesmo tema, explorando os pescados frescos e os ingredientes característicos. Caso da combinação entre ouriços, conchas negras e conchas de abanico, que é como alguns chamam a vieira no Peru.

No El Mercado, o ceviche pode ser finalizado à mesa, com o leite de tigre derramado na hora sobre os vistosos pratos fundos, servidos em louças caprichadas. É possível encontrar versões de linguado, seguindo a linhagem purista defendida por Javier Wong, sem coentro, e temperado só com sal, limão, ají e cebola roxa. Pode ser com ou sem camarão, lulas, *idem*.

Provamos uma versão completa como essa, de linguado, camarão e lula, abre-alas do primeiro almoço em Lima, na primeira viagem (o ceviche de ouriço no mercado foi café da manhã). Uma chegada e tanto, um início de jornada especial para este livro. A visita foi em janeiro de 2015, e esse almoço continua bem nítido, uma das melhores experiências da viagem, boas-vindas e tal.

No embalo desse movimento, vieram muitos lugares que deram destaque a Lima no mapa da gastronomia mundial, como os multipremiados Central, de Virgilio Martínez, que cria menus autorais; e Maido, de Mitsuharu Tsumura, representante da escola nikkei, nipo-peruana. A cada ano, surgem novos nomes, como Ricardo Goachet, que trabalhou anos na Espanha; e Martín Berasategui, que abriu recentemente o Verbena, restaurante que vem chamando a atenção.

Na lista de 2023 do prêmio de melhores restaurantes da América Latina, o Peru dominou a lista. O Maido ficou em primeiro lugar, e o Central nem sequer participou, pois foi o número um do mundo, na mesma publicação – o que automaticamente o impede de concorrer no regional. Em sétimo ficou o Kjolle, e em décimo, o Mayta. Foi a única cidade com três indicados entre os dez. Dali em diante, Lima ainda emplacou mais restaurantes no ranking: Mérito (13º),

Osso (33º), La Mar (42º), Rafael (46º), Cosme (50º), Isolina (73º) e Astrid y Gastón (75º) – nada menos que dez indicações, fora o Central. Um fenômeno. São Paulo teve 11, mas com menos destaque.

Quem quer comer bem, muito bem, e em lugares de perfil bem variado, encontra em Lima um destino perfeito. Em 2021, o restaurante La Picantería conquistou o lugar número 46 no Latin America's 50 Best Restaurants. A casa, a exemplo do La Mar, tem um vistoso balcão refrigerado que abriga os pescados disponíveis, os quais em alguns casos são vendidos a peso.

Pelo frescor dos peixes e frutos do mar, a casa do chef Héctor Solís é outro destaque que merece estar na lista de desejos do viajante gastronômico. O ceviche é dos mais recomendáveis da cidade.

Lima é repleta de barracas de comida de rua – às vezes, nem mesmo é um quiosque, basta uma carrocinha, ou apenas apetrechos de cozinha colocados sobre a calçada. São programas populares entre os moradores visitar as anticucherías e o chamado "cebiche carretillero", geralmente preparado em carrocinhas, que podem circular pelas ruas, como fazem os pipoqueiros no Brasil.

Quem ficou famoso, mas pode se enquadrar perfeitamente nesta categoria é o pequeno Al Toke Pez, micro, com uns dez lugares, em uma portinha de Surquillo. No local, dá expediente o chef Tomas Matsufuji, que se tornou estrela com a série badalada *Street Food*, da Netflix.

O lugar representa perfeitamente a cultura do ceviche. Isso porque em seu enxuto menu encontramos basicamente ceviches, tiraditos e leite de tigre, desses servidos em taça, meio coquetel, meio petisco. Além de umas friturinhas e um arroz chaufa de mariscos com justificada fama.

Fazem também a parihuela, uma caldeirada que faz parte da cultura alimentar dos pescadores do Peru, naturalmente associada ao ceviche. Acaba sendo uma alternativa de inverno. São pratos complementares e que convivem nos cardápios tradicionais. Praticamente todas as cevicherias tradicionais de

Lima servem suas parihuelas de pescados, aproveitando a disponibilidade de matéria-prima fresca, condição para ambas as preparações.

Apesar de tão acanhado, o Al Toke é para muitos um templo. Quem quiser ir precisa se preparar para filas. Comer bem nem sempre é fácil.

As picanterías – restaurantes tradicionais de Lima – fazem referência à Arequipa. A região, que fica ao sul da capital, inspira os cardápios, que hoje não podem deixar faltar os ceviches e tiraditos, o que antigamente não era comum. São lugares simples, com ambientes mais rústicos, porém com perfil familiar. O nome vem da palavra "picante", porque a comida de Arequipa é marcada pelo uso pouco moderado de pimentas e outros condimentos picantes nas suas receitas típicas.

CAMA E MESA: UM JANTAR NA VARANDA DO SOCIAL RESTAURANTE Y BAR, NO HILTON DE LIMA

O salão é moderno e elegante, com um bar arredondado que chama a atenção, lugar perfeito para começar a noite com um copo de Pisco Sour, sempre um ótimo aperitivo. Na noite da nossa visita havia um bom saxofonista tocando. Mas optamos pela mesa ao ar livre, na varanda. Estamos no Social Restaurante y Bar, no térreo do hotel Hilton em Miraflores, em Lima, um dos melhores da capital peruana, dirigido pelo brasileiro Ricardo Kawa, que antes estava na unidade do Leme/Copacabana.

Vale destacar a carta de bebidas. A lista é ampla e variada, que vai de coquetéis clássicos aos autorais, com boa seleção de destilados e licores diversos. Também vai de cervejas locais às importadas, incluindo artesanais peruanas.

E vai passando por vinhos de várias procedências, sem faltar rótulos nacionais, como o Blanco de Blancos Tres Cepas, do Vale de Ica, corte de Sauvignon Blanc, Viognier e Chardonnay. Foi a nossa (boa) escolha, depois do Pisco de boas-vindas. Um vinho com boa acidez, e exuberante no aroma, do jeito que pede a cozinha peruana.

À mesa, o primeiro passo foi uma espécie de pão de queijo, que abriu o caminho como couvert para um excelente e lindo servido de vieiras, com suas conchas frescas e cruas servidas com ponzu de rocoto, ovas de tobico e uma espécie de vinagrete de aipo e pepino, e outra versão, com tempero nikkei e crocante de batata. Bravo!

Seguimos com um tiradito, complementado por palmito e palta, que é como chamam o nosso avocado, pipoca de quinoa e brotos.

Um dos pontos altos da noite foi o chamado "Pulpo Oriental", um prato com gyozas recheadas de lagostins, purê de shitake e chimichurri de alho crocante, servido com fatias do tentáculo, em um molho extremamente saboroso. Nota 10!

Em seguida, a "Pesca del Día", um peixe untuoso, com purê de couve-flor com aromas de baunilha, em um molho amanteigado, com brotos e alcaparras. Delícia.

Fechamos o percurso salgado com um arroz à moda oriental, de pato, que estava muito bom.

E partimos para o "postre", um pot-pourri de sobremesas, cujos detalhes eu confesso que não me lembro: a viagem foi em abril de 2023. Demorei a escrever, porque não estava conseguindo dar atenção ao site. O tempo foi passando, acabei esquecendo. Agora, voltando ao Peru, e revendo as recordações da viagem do ano passado, e fazendo um mergulho nos sabores peruanos para um projeto que em breve eu conto, eu encontrei as fotos, e a memória deste jantar se agigantou.

Lima é um destino e tanto para os amantes da gastronomia, e o Social é um porto seguro para os sabores peruanos, com a pompa e circunstância de um grande hotel cinco estrelas.*

---

* Disponível em: https://menuagostini.com.br/um-jantar-na-varanda-do-social-restaurante-y-bar-em-lima/. Acesso em: 11 dez. 2024.

Cevichero
Pescados y Mariscos

- Ceviche p/ Pescado
- Arroz y Mariscos
- Chaufa y Mariscos
- Duos Marinos
- Ceviche Mixto
- Trios Marinos

Mercados, pescadores e feiras

Na primeira viagem a Lima, fomos direto para o Mercado de Surquillo, para uma pesquisa de campo, observando os ingredientes típicos e a grande riqueza alimentar que encontramos no Peru, em forma de milhos e batatas, de pimentas e outros temperos, de frutas as mais diversas à imensa variedade de pescados que tem o país. A visita é fundamental neste roteiro. E se sentar no El Cevichero é essencial: comer ceviche de ouriço de manhã é opcional.

Outra experiência que vivemos nas viagens a Lima é um programa turístico que vem se tornando popular. Os visitantes contratam o passeio diretamente com os pescadores, ou por meio de alguma agência, pois algumas já vendem o programa, muitas vezes combinado com visita ao Mercado de Chorillos, de onde partem os barcos. É comum ter aula de preparo de ceviche, que muitas vezes acontece a bordo.

Inclusive, tivemos uma aula magistral sobre o preparo de ceviche com o mestre Luciano Pachas Velez, o "El Cevichano". A exposição ocorreu em seu novo endereço, em Surquillo, a poucos passos do mercado, onde o chef inaugurou seu restaurante, em 2013.

Mais do que o prato mais emblemático de Lima, o ceviche se tornou programa turístico. Está presente em passeios, visitas guiadas a mercados e feiras, ou até mesmo em aulas, que podem acontecer em restaurantes ou em alto-mar.

Lima, janeiro de 2015

Dia 1, 15 de janeiro de 2015
O nosso voo chegou de manhã cedo ao aeroporto de Lima. Deixamos as malas no hotel e partimos para o Mercado de Surquillo, a poucos minutos de caminhada. A profusão de cores e texturas dos alimentos peruanos chama a atenção, bem como sua diversidade. É o primeiro impacto. Um dos segredos da gastronomia local está aí. Milhos, pimentas e batatas existem aos milhares,

com distintas cores, tamanhos e formatos. Ingredientes autóctones, que só são encontrados ali. Uma riqueza e diversidade que refletem a paisagem desse país que abriga a maior quantidade de biomas do mundo. A gastronomia agradece.

Depois de um giro pelas barracas de alimentos, a fome bateu. Ainda de manhã, nossa primeira refeição da viagem foi no El Cevichero, um boxe que prepara pratos variados, o mais famoso do espaço, referência no prato que o batiza. Para levantar o ânimo, pedimos logo um ceviche de ouriço, para atestar a fama de poderoso levanta defunto e consagrado remédio para ressacas. Só sei que o sono passou, e o jet lag passou longe nessa viagem.

De lá, partimos para o restaurante El Mercado, de Rafael Osterling, um desses lugares que estão sempre frequentando as listas de melhores da América Latina. Nosso grupo tinha sempre, no mínimo, oito pessoas. O que nos possibilitava provar muitas coisas.

Lima, abril de 2023

Dia 1, 17 de abril de 2023
Marcamos de zarpar às 10 h do cais que fica junto ao Mercado de Chorillos. Com o incremento do turismo gastronômico, o local acabou virando ponto turístico, e os programas podem incluir aula de ceviche com os pescadores, a bordo de suas modestas embarcações. Mais ou menos como eles fazem no dia a dia.

Não precisamos ir muito longe para iniciar os trabalhos de pesca artesanal. A verdade é que eles até tentar fisgar alguns, lançando suas redes, mas este é um típico programa turístico, bem típico, desses que não podem dar errado. De modo que os ingredientes são levados para o barco, incluindo os peixes.

Embarcamos com duas arraias, fresquíssimas, que foram devidamente compradas no mercado. As espécies mais caras e cobiçadas são separadas para venda, e o hábito é usar as mais baratas, como as arraias. Enquanto isso, os pelicanos viviam sua vida e pescavam ao redor, muitas vezes pousando em

nosso barco para descansar entre uma petiscada e outra. Às vezes, arriscavam uma aproximação em direção aos pescados, logo rechaçados pelos marujos.

Pouco antes das 11 h, começa o preparo. As arraias são limpas e cortadas em cubos de tamanho médio. As aparas são jogadas aos pelicanos, que parecem estar ali por isso, habituados que estão a receberem petiscos assim. No tempero, apenas sal, suco de limão, cebola roxa bem fininha, como manda a regra, e pimenta. Comemos direto da travessa onde foi feito o preparo. Com um pote de canchita do lado, comprada no supermercado local. "Os pescadores gostam de ceviche mais simples, sem muitos adornos, para valorizar o frescor do peixe. Na nossa comunidade, isso é o ceviche, desde sempre", explica nosso marujo, enquanto dá expediente como cozinheiro.

Pouco antes do meio-dia já estávamos em terra firme.

Uma dica: quando for fazer esse passeio, leve protetor solar, boné e camisas de manga comprida. Muitos desses barcos são muito simples e não têm áreas cobertas. O sol de Lima pode castigar e seu famoso mormaço engana muita gente. Aconteceu conosco... fomos perceber de tarde.

Dia 2, 18 de abril de 2023

Luciano Pachas Velez é um dos grandes nomes do Peru quando o assunto é ceviche. Cozinheiro de referência, "El Cevichano" – como é conhecido – começou lavando pratos e, então, passou para o preparo do ceviche, tornando-se expert e fazendo fama a partir da barraca que abriu no Mercado de Surquillo, em 2013.

Este foi outro "café da manhã" inusitado, e temático, em Lima. O relógio ainda não marcava 10 h quando chegamos ao restaurante, em uma rua paralela ao mercado, local onde tudo começou.

No El Cevichano o dia se iniciou com uma notável apresentação de ceviches. Luciano deu início à aula com o mise en place, ou seja, com a separação dos ingredientes sobre a bancada. Primeiro, dispôs cumbucas com diferentes

Guia de cebicherías de Lima

pimentas, milho, batata-doce laranja (camote), cebola roxa, limão e coentro. Depois de tudo cortado, e com os limões espremidos delicadamente, para não extrair amargor, chegou a hora dos ingredientes principais.

Então, começou a preparação básica, com o corte dos ingredientes na hora do preparo, que é de extrema importância. Os mariscos são manuseados rapidamente, ganhando os temperos, que também devem ser cortados na hora. E logo está pronto o prato.

Foram ceviches de navajas, ouriços e conchas negras, com molhos de diferentes colorações e intensidades de sabor. "Essa é a melhor hora do dia para comer ceviche. Não comemos ceviche de noite. Minha casa fecha logo depois das 16 h", diz o cozinheiro, enquanto manuseia as navajas, retirando-as de suas cascas que lembram navalhas, razão do nome.

O primeiro a ser montado foi o de conchas negras, que estava perfeito. Os mariscos coroavam a cumbuca, com menos líquido do que nos habituamos a ver em ceviches. Trazia complementos como pimentas e cebolas bem picadas, além de rodelas de camote, canchitas e milho-branco, em um resultado que mistura potência com delicadeza.

Já ao escolher servir o ouriço, optou por colocar menos elementos, incluindo as navajas no fundo, como se fosse uma agradável surpresa para o final. O camote foi cortado em pequenos cubos, que se misturaram à cor do caldo e à da própria iguaria principal. Ceviche de ouriço com navajas é um abuso, Luciano! Mas eu agradeço.

O ceviche misto tinha linguado, polvo e camarões, em uma espécie de X-tudo, complementado por canchitas, camotes e milhos-brancos. Uma versão veio no prato fundo, de linda louça. E outra na taça, para se comer e beber, como anda na moda.

O bom de fazer aula de gastronomia é que durante há uma degustação. E nas mãos do Cevichano comemos alguns dos melhores ceviches, somando todas as viagens. Mais um lugar classificado como "imperdível".

CEVICHES LITERÁRIOS: O RESTAURANTE DE VARGAS LLOSA

Seguramente um dos lugares mais lindos para comer um ceviche. No La Rosa Náutica, você vai se sentir em um livro do maior escritor peruano, ganhador de muitos prêmios importantes, incluindo o Nobel de Literatura de 2010.

O Rosa Náutica estava cheio de gente, muitos turistas falando inglês e francês, e don Ismael havia reservado uma mesa ao lado da janela. Tomaram um Campari observando uns surfistas que pegavam ondas com seus trajes de borracha. Era uma manhã de inverno cinza, com umas nuvens baixas cor de chumbo que ocultavam as serras e uns bandos de gaivotas gritalhonas. Uma esquadrilha de mergulhões planava quase ao nível do mar. O rumor compassado das ondas e da maré eram agradáveis. "O inverno é muito triste em Lima, mas mil vezes preferível ao verão", pensou Rigoberto. Pediu uma corvina na brasa com salada e avisou ao chefe que não ia tomar nem uma gota de vinho; tinha trabalho no escritório e não queria passar a tarde toda bocejando feito um crocodilo e sentindo-se meio sonâmbulo.*

---

* VARGAS LLOSA, Mario. *O herói discreto*. Rio de Janeiro: Objetiva, 2013. p. 25-26.

RECEITAS

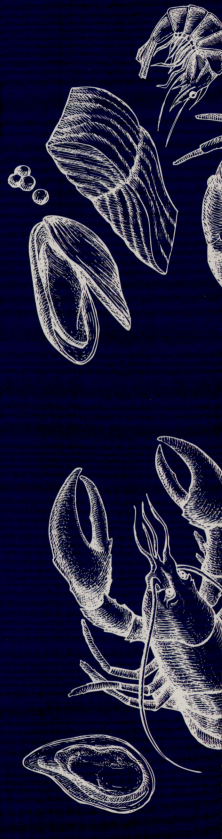

"Antigamente se preparava o ceviche às 8 h da manhã para comer às 2 h da tarde", costumava reclamar Pedro Solari, primeira grande referência da culinária peruana moderna.

Com o tempo, o ceviche mudou muito, e grande parte das receitas é finalizada na hora de servir. Mas é muito importante ter uma geladeira por perto, para manter os ingredientes e os pré-preparos refrigerados, como vamos ver nas próximas páginas, quando apresentamos diferentes tipos de ceviche, incluindo versões quentes (de pato), vegana, vegetariana e as com um tempero bem brasileiro, ou mesmo asiático. Ademais, as receitas aqui apresentadas são muito mais uma fonte de inspiração do que um passo a passo detalhado.

Afinal, o ceviche, mais que tudo, é um método de preparo que permite criatividade, adaptações regionais e até mesmo fusões internacionais. Antes de mais nada, o ceviche é uma filosofia, embora algumas características não variem, essencialmente. Um shot de leite de tigre opera milagres no que se refere à disposição, e há quem use um pouco de pisco, potencializando o líquido.

O ceviche destaca-se por ser um prato picante. Não só por conter pimenta mas por ser considerado afrodisíaco, além de combater ressaca: "levanta muertos", como se diz.

Por ser um processo culinário versátil, essa iguaria também ganhou o mundo com sua capacidade de adaptação, podendo ser concebido com toda a sorte de peixes e frutos do mar, com frutas, legumes, flores e até mesmo carnes, como a de pato. Pode-se dizer que o ceviche quente de pato com laranja já é um clássico nacional, mas ainda não tão fácil de se encontrar.

A virada do ano 2000 também representava, em si só, um novo momento da gastronomia mundial. Nesse período, cozinheiros, definitivamente, viraram celebridades, com seus programas de TV, e restaurantes se tornaram notícia cada vez mais recorrente em jornais e revistas. Algo que antes só acontecia em veículos especializados em comida e bebida, ou em guias de viagem.

Nessa passagem de século, o ceviche começou a ganhar o mundo, levando junto a culinária tradicional peruana como um todo. Sua popularização em Buenos Aires consolidou a imagem do Peru como um país que tem um tesouro gastronômico a ser descoberto.

Já havia um movimento nessa direção, por meio da cozinha nikkei, a fusão com a escola culinária japonesa, mas com alguns ingredientes locais incorporados.

O prato tem origem nos pescadores, pela facilidade de cortar e temperar no próprio barco, sem uso de fogo. Com a influência japonesa, ganhou refinamento, apuro no preparo e na apresentação.

Fiel às suas tradições gastronômicas, o japonês também é conhecido por ser curioso, desbravador e criativo. O encontro entre a cultura japonesa e a peruana foi fundamental no desenvolvimento da gastronomia do Peru nos últimos anos.

Adaptação

Como todas as receitas antigas e tradicionais, o ceviche mudou muito ao longo do tempo. No entanto, ainda hoje continua ganhando uma série de adaptações, tanto de cozinheiros peruanos, como de estrangeiros. Esse se tornou um item muito comum em todo o mundo, aparecendo em restaurantes das mais diversas etnias, de italianos e franceses a cozinhas de perfil autoral. Entre seus ingredientes principais, além dos pescados, figuram frutas, como a banana, a exemplo dos pratos feitos por três estrelas da TV brasileira: Claude Troisgros, Rodrigo Hilbert e Ana Maria Braga.

Mas qual é o melhor peixe a ser usado? No Peru, parece ser um consenso de que o linguado, com sua carne branca, e de sabor delicado, é o tipo mais adequado e o preferido dos cozinheiros. O famoso Javier Wong, por exemplo, só utiliza linguado em seus restaurantes – e precisa ser comprado na madrugada.

Além disso, esse peixe permite distintos formatos e espessuras de corte: fino, como pedem os tiraditos, algo entre o ceviche, o japonês ussuzukuri e o italiano carpaccio; ou grosso, em cubos, como manda a tradição do ceviche. Sua textura e sabor delicados também permitem que os demais ingredientes se destaquem, resultando em um preparo equilibrado e harmônico, com sintonia entre os seus elementos.

A cebola roxa, o coentro e as pimentas são os ingredientes que entregam sua paleta clássica de temperos. Além deles, o milho frito, o chamado cancha peruano, dá crocância, e a batata-doce cozida aporta o contraponto de dulçor. Ao mesmo tempo, esse tubérculo cumpre o papel de ser um item macio, quase cremoso, que tira qualquer possibilidade de o prato se tornar algo monótono.

No entanto, é possível inverter esses dois últimos papéis, usando milho branco cozido e chips de batatas. No ceviche, não existe uma fórmula exata, é um processo que permite muitos caminhos, infinitas possibilidades.

ALGUMAS DICAS

- Opte por um peixe fresco e bem conservado. Evite ao máximo comprá-lo congelado! Lembre-se de que os olhos precisam estar brilhantes, nunca opacos; as escamas, bem aderidas; e as brânquias, bem avermelhadas. Essas são dicas básicas.

- Antes de agregar a cebola à mistura, corte-a e deixe de molho em água com gelo. Esse processo tira um pouco de sua potência, que muitos não gostam.

- Durante a mistura dos ingredientes, é importante manter a temperatura fria. Enquanto isso, pode-se colocar o bowl sobre o gelo ou, então, agregar alguns cubos – que depois devem ser removidos.

- Use facas muito bem afiadas na hora do corte da cebola, da pimenta e, principalmente, do peixe.

- Tenha coentro na horta ou compre no dia da utilização.

- Por fim: use colher para comer. Assim, é possível apreciar o leite de tigre.

- Faça um mise en place correto. É muito importante uma boa organização para o preparo dar certo. Apesar de aparentemente simples, o ceviche exige atenção do cozinheiro, por ter muitos detalhes em seus processos.

- Quem não sabe muito bem escolher os peixes precisa ter profissionais de confiança nos mercados e peixarias.

Ceviche para cozinheiros brasileiros

Como se sabe, a variedade e a diversidade de ingredientes típicos são as principais razões da riqueza gastronômica do Peru. Alguns desses produtos também são encontrados na cozinha tradicional do Brasil, como a yuca, que é o nosso aipim, e o paiche, um peixão amazônico que em terras brasileiras chamamos de pirarucu. Não encontramos no Brasil facilmente camote, ají, maíz blanco e outras iguarias, algumas inclusive são palavras sem uma tradução que possa ser compreendida na língua portuguesa. Mas é possível adaptar e usar a imaginação.

Sal, limão, cebola roxa e ají são elementos obrigatórios no ceviche, e praticamente fazem parte da composição de todas as formas de preparo. Há uma série de ingredientes muitos difíceis de se encontrar no Brasil, mas em lojas online e em feiras étnicas, sobretudo em São Paulo, já é possível achar praticamente tudo.

Alguns ingredientes principais

Ají amarillo – Uma das pimentas mais populares do Peru, usualmente utilizada na finalização de algumas receitas.

Camote – É um tipo de batata-doce laranja, geralmente usada nos ceviches para contrabalancear o sal, o picante e o ácido.

Cebola roxa – Ingrediente clássico, cortada bem fina, que entra na finalização de grande parte dos ceviches. É obrigatória no ceviche clássico, ao lado do limão, da pimenta, do sal e do coentro.

Coentro – Tempero básico, que entrega frescor aos pratos. Nem todas as receitas pedem sua utilização.

Haucatay – Nativa dos Andes, é uma planta aromática muito usada em pratos tradicionais.

Limão – No Peru, utiliza-se uma variação do limão-taiti, mas menor e menos ácida. É possível mesclar com limão-galego e limão-siciliano, para equilibrar os sabores.

Maíz blanco – O milho-branco, com grãos maiores, é um elemento importante.

Maíz morado – Também conhecido como milho-roxo, é usado em drinques, cervejas, refrigerantes e em alguns tipos de ceviche.

Yuca – Simplesmente como os peruanos chamam a nossa boa e velha mandioca.

Receitas-base

É muito importante fazer o mise en place para começar a preparar o ceviche. Ainda com os pescados refrigerados, revise as receitas e cheque todos os ingredientes. Para isso, é bom usar recipientes de cerâmica, para acomodar os itens, separadamente.

Aqui, apresentamos diversas receitas-base, com destaque para a mais importante de todas, a de leite de tigre, que é usada em muitos pratos. Há dois tipos de receitas de leite de tigre, uma para porções menores, individuais, ou mesmo para até duas ou três pessoas; e outra para preparos maiores, para grupos de até mais do que dez pessoas. Neste livro, será apresentada a receita-base de leite de tigre grande.

Também é preciso lembrar que esses molhos são sugestões, é possível variar os temperos, de acordo com a disponibilidade e os gostos pessoais. Não existem fórmulas absolutas, e cada cozinheiro tem o seu jeito de preparo.

BASE DE AZEITE DE URUCUM

Ingredientes

+ Semente de urucum • 100 g
+ Azeite • 1 litro

Modo de preparo

1. Coloque o urucum em uma frigideira até que as sementes torrem.
2. Adicione o azeite e cozinhe em fogo baixo por 30 minutos, até ficar vermelho.

BASE DE AZEITE VERDE DE COENTRO

Ingredientes

+ Coentro • 100 g
+ Espinafre (folhas) • 100 g
+ Azeite • 500 ml

Modo de preparo

1. Em uma panela com água fervendo, cozinhe o coentro e o espinafre por 1 minuto.
2. Retire-os da panela e coloque em um recipiente contendo água e gelo.
3. Escorra bem os vegetais, leve-os ao liquidificador, acrescente o azeite e bata bem.
4. Em um pano, com a ajuda de uma peneira, coe o líquido.
5. Leve o conteúdo para a geladeira até que esfrie.

BASE DE LEITE DE TIGRE GRANDE

Ingredientes

- Cebola • 300 g
- Aipo • 250 g
- Gengibre • 120 g
- Alho • 100 g
- Alho-poró • 150 g
- Suco do limão • 2 litros
- Peixe • 300 g
- Caldo de peixe • 700 ml
- Pimenta dedo-de-moça • 2 un.
- Pimenta-de-cheiro • 2 un.
- Pimenta havanera • ½ un.
- Sal • a gosto
- Glutamato monossódico • a gosto

Modo de preparo

1. Descasque os vegetais e bata-os muito bem no liquidificador, junto com todos os ingredientes.

2. Passe a mistura na peneira bem fininha e reserve-a. É importante manter refrigerado o leite de tigre e consumi-lo no mesmo dia.

BASE DE MAIONESE BRANCA

Ingredientes

- Ovo • 2 un.
- Mostarda de Dijon • 20 g
- Glutamato monossódico • 5 g
- Alho descascado • 10 g
- Sal refinado • 10 g
- Pimenta-do-reino • a gosto
- Óleo de milho • 800 ml
- Suco de limão • 20 ml

Modo de preparo

1. Coloque em um liquidificador os ovos, a mostarda, o glutamato monossódico, o alho, o sal e a pimenta-do-reino e bata devagar.

2. Adicione, aos poucos, o óleo de milho até formar a maionese.

3. No final, adicione o suco de limão e bata até ganhar textura uniforme.

BASE DE MOLHO NIKKEI

Ingredientes

- Molho shoyu • 500 ml
- Molho de ostra • 50 g
- Óleo de gergelim torrado • 30 ml
- Gengibre ralado • 20 g
- Togarashi • 20 g
- Alho ralado • 20 g

Modo de preparo

1. Coloque em uma tigela todos os ingredientes e bata com um batedor de mão.

2. Integre bem os ingredientes e guarde o conteúdo na geladeira.

BASE DE MOLHO TERIYAKI

Ingredientes

- Açúcar refinado • 1 kg
- Caldo de legumes • 500 ml
- Gengibre laminado • 150 g
- Alho picado • 20 g
- Nabo descascado e picado • 100 g
- Suco de laranja • 100 ml
- Abacaxi picado • 200 ml
- Molho shoyu • 1 litro

Modo de preparo

1. Coloque todos os ingredientes em uma panela e cozinhe até alcançar o ponto de xarope.

2. Retire do fogo e passe por uma peneira. Espere até esfriar para utilizar o molho.

BASE DE PASTA DE PIMENTÃO AMARELO

Ingredientes

- Pimentão amarelo • 300 g
- Cebola • 50 g
- Alho • 10 g
- Óleo de milho • a gosto

Modo de preparo

1. Corte o pimentão em tiras, retire as sementes e reserve.
2. Pique a cebola e o alho e também reserve.
3. Em uma frigideira, coloque o óleo de milho e acrescente todos os ingredientes reservados anteriormente.
4. Cozinhe até que fiquem bem macios.
5. Deixe a mistura esfriar, leve-a ao liquidificador e bata até ficar homogênea.
6. Em seguida, passe a pasta por uma peneira.

BASE DE PESTO DE COENTRO

Ingredientes

- Óleo de milho • 40 ml
- Coentro • 250 g
- Pimentão vermelho • 50 g
- Cebola picada • 100 g
- Alho • 25 g
- Espinafre • 200 g
- Sal • a gosto
- Pimenta-do-reino • a gosto

Modo de preparo

1. Coloque em uma frigideira, o óleo de milho e todos os ingredientes, salteie e deixe esfriar.
2. Leve ao liquidificador até formar uma pasta, deixe esfriar e reserve.

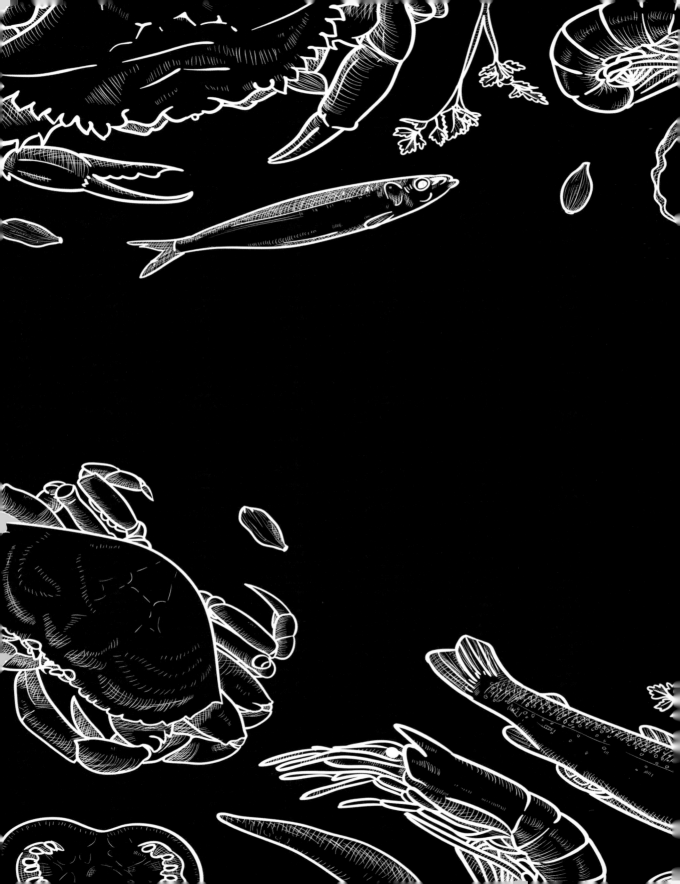

Ceviches
Sobremesas
Drinques

Ceviches

CEVICHE CLÁSSICO

Começamos com o prato mais emblemático da gastronomia peruana. Sugerimos, para este preparo, os peixes de carne mais branca e delicada, como robalo, dourado, pargo, vermelho e olhete, ideais para o ceviche clássico.

Ingredientes

Ceviche

- Peixe branco • 150 g
- Sal refinado • 5 g
- Pimenta dedo-de-moça • 10 g
- Leite de tigre (ver receita p. 89) • 70 ml
- Cebola roxa • 35 g
- Coentro • 5 g

Milho-verde cozido

- Milho-verde • 20 g
- Água • 1 litro
- Canela em pau • 10 g
- Açúcar • 200 g
- Limão • 1 un.

Batata-doce laranja assada

- Batata-doce laranja • 80 g

Complementos para a montagem do prato

- Milho-verde cozido • 20 g
- Batata-doce laranja assada • 40 g
- Milho cancha peruano • 20 g

Modo de preparo

Ceviche

1. Corte o peixe em cubos de 2 cm × 2 cm.
2. Acrescente o sal, a pimenta dedo-de-moça e reserve por 5 minutos na geladeira.
3. Retire da geladeira e acrescente o leite de tigre, a cebola picada em juliana e o coentro picado.
4. Misture todos os ingredientes e deixe repousar por 2 minutos.

Milho-verde cozido

1. Em uma panela, cozinhe o milho-verde inteiro sem a palha, com água, canela, açúcar e gotas de limão.
2. Espere esfriar e corte o milho, retirando os grãos da espiga.

Batata-doce laranja assada

1. Lave as batatas, coloque-as em uma travessa e envolva-as com papel-alumínio.
2. Leve ao forno a 150 °C por, aproximadamente, 15 minutos, ou até que fiquem macias.

Montagem do prato

Sirva o ceviche em um prato fundo, acompanhado do milho-verde cozido, da batata-doce assada e do milho cancha peruano.

CEVICHE NORTEÑO

Um ceviche que apresenta o sabor da cozinha crioula. Nele, misturam-se os sabores da costa do Peru: usamos peixe, lula, camarão e polvo, com ingredientes potentes em sabor, como a pimenta amarela, o alho, a cebola e o coentro, que contrastam com o doce e o crocante do milho cancha peruano.

Ingredientes

Ceviche

- Camarão cozido • 25 g
- Lula cozida • 25 g
- Polvo cozido • 25 g
- Peixe branco • 75 g
- Cebola roxa • 20 g
- Pimentão vermelho sem pele • 15 g
- Pimenta dedo-de-moça picadinha • 5 g
- Leite de tigre (ver receita p. 89) • 50 g
- Pesto de coentro (ver receita p. 91) • 40 g
- Maionese branca (ver receita p. 89) • 15 g

Tortilha de milho

- Milho cozido • 180 g
- Amido de milho • 80 g
- Farinha • 60 g
- Leite • 80 ml
- Açúcar • 75 g
- Sal refinado • 3 g
- Gema de ovo • 1 un.

Complementos para a montagem do prato

- Sal refinado • 10 g
- Coentro (folhas) • 10 g
- Milho-verde cozido • 10 g
- Milho cancha peruano • 15 g
- Tortilha de milho • 3 un.

Modo de preparo

Ceviche

1. Coloque em uma tigela os frutos do mar, o peixe, a cebola, o pimentão e a pimenta dedo-de-moça.
2. Acrescente o leite de tigre, o pesto de coentro e a maionese e misture até que os todos os ingredientes se integrem.

Tortilha de milho

1. Bata no liquidificador o milho, o amido de milho, a farinha, o leite, o açúcar e o sal.
2. No final, acrescente a gema de ovo e termine de bater.

Montagem do prato

1. Em um prato fundo, coloque o ceviche, acerte o sal e misture.
2. Adicione as folhas de coentro.
3. Acrescente os milhos e as tortilhas de milho.

CEVICHE DE POLVO

Recomendamos usar um polvo de 1,5 kg para um preparo bem apresentado e com sabor marcante. Essa quantidade rende dez porções.

Ingredientes

Polvo cozido

- Polvo • 150 g
- Sal grosso • a gosto
- Água • q. b.
- Cebola • 300 g
- Cenoura • 150 g
- Aipo • 100 g
- Alho-poró • 150 g
- Vinho branco • 150 ml
- Molho de soja • 150 ml
- Sal • 2 coheres (sopa)

Pasta de azeitona

- Azeitonas pretas sem caroço • 50 g
- Azeite de oliva • 50 ml

Ceviche

- Polvo cozido • 150 g
- Cebola em juliana • 30 g
- Pimentão vermelho em juliana • 20 g
- Pimentão verde em juliana • 20 g
- Batata cozida em cubos • 60 g
- Pasta de azeitona • 40 g
- Leite de tigre (ver receita p. 89) • 150 g

Chips de mandioca

- Mandioca • 200 g
- Óleo • 500 ml
- Sal refinado • a gosto

Complementos para a montagem do prato

- Abacate • 40 g
- Azeite de oliva • a gosto
- Chips de mandioca • 50 g

Modo de preparo

Polvo cozido

1. Lave o polvo (principalmente os tentáculos) com sal grosso.
2. Cozinhe em água abundante com as cebolas cortadas, a cenoura cortada, o aipo, o alho-poró, o vinho branco, o molho de soja e o sal. Calcule cerca de 25 minutos por quilo de polvo.
3. Retire da panela, coloque em água com gelo e deixe esfriar.

Pasta de azeitona

1. Bata no liquidificador a azeitona com o azeite.
2. Reserve no frio.

Ceviche

1. Junte em uma tigela o polvo cortado em pedaços de 2 cm, a cebola, os pimentões e a batata cozida e misture.

2. Acrescente ao preparo a pasta de azeitona e o leite de tigre e misture bem até dar homogeneidade.

Chips de mandioca

1. Descasque a mandioca e corte em seguida com uma mandolina, o mais fino possível.
2. Lave com muita água e, em seguida, frite em óleo abundante.
3. Acrescente o sal e reserve.

Montagem do prato

1. Coloque o ceviche em um prato raso.
2. Em seguida, acrescente o abacate picado, o azeite de oliva, os crocantes de mandioca e sirva.

CEVICHE NIKKEI

A imigração japonesa trouxe ao Peru técnicas e costumes da culinária nipônica. Ao se unir à gastronomia peruana, fez nascer a chamada cozinha nikkei, que hoje é reconhecida mundialmente em casas premiadas, como o Maido.

Ingredientes

Ceviche

- Atum • 150 g
- Cebola • 30 g
- Pepino-japonês • 30 g
- Ervilha-torta • 40 g
- Broto de feijão • 30 g
- Leite de tigre (ver receita p. 89) • 40 ml
- Molho nikkei (ver receita p. 90) • 60 ml
- Togarashi • 3 g
- Hondashi • 3 g

Complementos para a montagem do prato

- Amendoim torrado • 20 g
- Molho teriyaki (ver receita p. 90) • 20 ml
- Alga nori • 1 un.

Modo de preparo

Ceviche

1. Corte o atum em cubos de 2 cm e acrescente a cebola, o pepino-japonês e a ervilha-torta, todos os três cortados em juliana, junto com o broto de feijão.
2. Misture com o leite de tigre e o molho nikkei.
3. Tempere com o togarashi e o hondashi.

Montagem do prato

1. Em um prato fundo, acrescente o ceviche, o amendoim e o molho teriyaki.
2. Finalize com a alga nori cortada bem fininha.

CEVICHE PERU-BRASIL

Em homenagem ao Brasil, criamos um ceviche usando o caju. Uma das frutas mais emblemáticas e que só existe no país, o caju apresenta textura e sabor marcantes.

Ingredientes

Molho de caju

- Polpa de caju • 300 g
- Açúcar • 150 g
- Pimenta dedo-de-moça • 1 un.
- Alho • 5 g
- Gengibre laminado • 5 g

Ceviche

- Filé de salmão • 150 g
- Pepino • 15 g
- Cebola roxa • 15 g
- Funcho laminado • 20 g
- Pimenta dedo-de-moça • 2 g
- Coentro • 2 g
- Molho de caju • 40 g
- Leite de tigre (ver receita p. 89) • 40 g

Palha de batata-baroa

- Batata-baroa • 400 g
- Óleo de milho • 400 ml
- Sal • a gosto

Complementos para a montagem do prato

- Castanha-de-caju picada • 15 g
- Palha de batata-baroa • 20 g

Modo de preparo

Molho de caju

1. Coloque em uma panela a polpa de caju, o açúcar, a pimenta dedo-de-moça (sem sementes), o alho e o gengibre laminado e cozinhe para reduzir a preparação até ficar como um xarope.
2. Passe na peneira e reserve o molho na geladeira.

Ceviche

1. Corte o salmão em cubos de 2 × 2 cm.
2. Coloque-o em uma tigela junto com o pepino, a cebola, o funcho laminado, a pimenta dedo-de-moça e o coentro e envolva-os.
3. Acrescente o molho de caju e o leite de tigre e misture.

Palha de batata-baroa

1. Descasque a batata-baroa e corte-a em palitos regulares, o mais fino possível (pode ser com uma mandolina).
2. Leve-a à frigideira com óleo de milho e frite em fogo médio, até ficarem crocantes.
3. Acrescente sal a gosto e reserve.

Montagem do prato

1. Em um prato fundo gelado, acrescente o ceviche.
2. Finalize com a castanha-de-caju picada e a palha de batata-baroa.

CEVICHE TARTARE

Acreditamos que o ceviche é uma receita versátil e que cada um, com sua criatividade, pode apresentar diversos tipos de preparações, inclusive fazendo fusões com receitas internacionais. O ceviche tartare é um exemplo disso.

Ingredientes

Ceviche
- Leite de tigre (ver receita p. 89) • 40 ml
- Maionese branca (ver receita p. 89) • 30 g
- Ovas de mujol • 20 g
- Azeite verde de coentro (ver receita p. 88) • 1 colher (chá)
- Filé de salmão limpo • 60 g
- Filé de atum limpo • 60 g
- Cebola cortada em brunoise • 20 g
- Alcaparras picadas • 10 g
- Uvas-passas • 10 g
- Coentro picado • 10 g
- Mostarda de Dijon • 10 g

Chips de mandioca
- Mandioca • 200 g
- Óleo de milho • 300 ml
- Sal • a gosto
- Pimenta-do-reino • a gosto

Complementos para a montagem do prato
- Azeite verde de coentro (ver receita p. 88) • q. b.
- Azeite vermelho de urucum • q. b.
- Chips de mandioca • 20 g

Modo de preparo

Ceviche
1. Misture o leite de tigre com a maionese e as ovas de mujol.
2. Em seguida, acrescente o azeite verde de coentro. Divida essa mistura em duas partes e reserve-as na geladeira.
3. Pique o salmão e o atum em pedaços bem pequenos.
4. Acrescente a cebola picada e lavada com água, as alcaparras picadas, as uvas-passas, o coentro picado e a mostarda e envolva-os.
5. Junte a essa preparação uma parte da mistura que foi reservada na geladeira.

Chips de mandioca
1. Descasque a mandioca.
2. Depois, lave, seque e corte a raiz em fatias (com uma mandolina, o mais fino possível).
3. Coloque as fatias em uma frigideira com óleo de milho e frite-as até ficarem bem crocantes.
4. Acrescente sal e pimenta-do-reino a gosto.

Montagem do prato
1. Em um prato raso, com o auxílio de um aro redondo, para moldar, acrescente o ceviche.
2. Em seguida, coloque a outra parte da mistura reservada na geladeira.
3. Depois, decore o prato com gotas do azeite verde de coentro e do azeite vermelho de urucum, mais os chips de mandioca.

CEVICHE CHIFA

A culinária chinesa deu uma contribuição muito grande para a gastronomia peruana, incluindo vegetais, temperos, molhos e tipos de preparações. Muito popular no Peru, em todas as camadas sociais, a fusão peruana-chinesa é hoje chamada de culinária chifa.

Ingredientes

Ceviche

- Peixe branco • 130 g
- Gengibre ralado • 5 g
- Óleo de gergelim • 10 ml
- Molho de ostra • 10 ml
- Molho shoyu • 40 ml
- Sal • a gosto
- Pimenta-branca • a gosto
- Pimentão vermelho • 20 g
- Cebola • 20 g
- Cenoura • 10 g
- Rabanete • 10 g
- Ervilha-torta • 5 g
- Broto de feijão • 20 g
- Vinagre de arroz • 10 ml
- Leite de tigre (ver receita p. 89) • 60 ml

Wonton crocante

- Massa para wonton • 1 pacote
- Óleo de milho • 500 ml

Complementos para a montagem do prato

- Amendoim torrado • 10 g
- Wonton crocante • 2 folhas
- Cebolinha • 5 g

Modo de preparo

Ceviche

1. Corte o peixe branco em cubos de 2 cm.
2. Misture-o com o gengibre ralado, o óleo de gergelim, o molho de ostra, o molho shoyu, o sal e a pimenta-branca e reserve na geladeira.
3. Pique em juliana o pimentão vermelho, a cebola, a cenoura, o rabanete e a ervilha-torta.
4. Em seguida, misture todos esses ingredientes, acrescentando por último o broto de feijão, o vinagre de arroz e o leite de tigre.

Wonton crocante

1. Corte a massa para wonton em triângulos.
2. Frite-a em óleo abundante e deixe esfriar.

Montagem do prato

Em um prato fundo, sirva o ceviche junto com o amendoim, a massa para wonton frita e a cebolinha.

CEVICHE VEGETARIANO DE PALMITO E ALCACHOFRA

Apresentamos aqui um ceviche vegetariano com produtos muito consumidos no Brasil e no Peru, como o palmito e a alcachofra. O resultado é um prato muito refrescante, que é boa opção para todo tipo de público, não só para os vegetarianos.

Ingredientes

Leite de tigre vegano de coco
- Suco de limão • 300 ml
- Cebola • 20 g
- Aipo • 30 g
- Gengibre • 10 g
- Alho-poró • 10 g
- Pimenta dedo-de-moça • 10 g
- Caldo de vegetais • 80 ml
- Sal • a gosto
- Pimenta-do-reino • a gosto
- Creme de coco • 150 g

Ceviche
- Palmito • 100 g
- Água • q. b.
- Sal • a gosto
- Louro (folha) • 1 un.
- Limão • 1 un.
- Alcachofra média • 1 un.
- Manteiga • 20 g.
- Leite de tigre vegano de coco • 80 ml

Farofa de amêndoas
- Amêndoas laminadas • 200 g
- Manteiga • 70 g
- Alho • 5 g
- Farinha panko • 100 g
- Salsa • a gosto
- Sal • a gosto

Complementos para a montagem do prato
- Azeite verde de coentro (ver receita p. 88) • a gosto
- Cebola (rodelas) • a gosto
- Brotos variados • a gosto

Modo de preparo

Leite de tigre vegano de coco

1. Bata no liquidificador o suco de limão, a cebola, o aipo, o gengibre, o alho-poró, a pimenta dedo-de-moça, o caldo de vegetais, o sal e a pimenta-do-reino com o creme de coco.
2. Reserve essa mistura na geladeira.

Ceviche

1. Cozinhe o palmito em uma panela com água até cobri-lo inteiramente.
2. Acrescente o sal, a folha de louro e umas gotas do limão.
3. Enquanto isso, descasque a alcachofra com uma faca, deixando só a parte do coração.

4. Cozinhe-a com água, suco de um limão e sal.
5. Quando o palmito e a alcachofra estiverem cozidos, retire-os e reserve-os.
6. Coloque, então, em uma frigideira, a manteiga para saltear o palmito e a alcachofra juntos. Reserve e deixe esfriar.
7. Misture-os, finalmente, com o leite de tigre vegano de coco.

Farofa de amêndoas

1. Pique bem fininha metade das amêndoas laminadas.
2. Leve-as ao fogo em uma frigideira com manteiga e alho.
3. Adicione ao preparo a farinha panko e a salsa picada, e misture bem.
4. No final, acrescente o restante das amêndoas laminadas e o sal e deixe esfriar.

Montagem do prato

1. Coloque, em um prato raso, o ceviche.
2. Finalize-o com a farofa de amêndoas e as rodelas de cebola.
3. Decore com os brotos.

CEVICHE DE VIEIRAS

Um ceviche de vieiras, ou de conchas, como se chama no Peru, é hoje uma opção diferente de consumir um dos melhores e mais saborosos moluscos do mundo.

Ingredientes

Molho de grana padano
- Ovo • 1 un.
- Alho • 5 g
- Mostarda de Dijon • 20 g
- Suco de limão • 20 ml
- Óleo de milho • 250 ml
- Queijo grana padano ralado • 70 g

Ceviche
- Vieiras • 130 g
- Água • q. b.
- Sal • 1 colher (sopa)
- Leite de tigre (ver receita p. 89) • 80 ml
- Molho grana padano • 60 g
- Pimentão assado • 20 g
- Cebola picadinha • 20 g
- Pepino-japonês • 20 g
- Alcaparras • 10 g

Batata-doce frita
- Batata-doce • 200 g
- Óleo • 500 ml

Complementos para a montagem do prato
- Batata-doce frita • 200 g
- Abacate cortado • ½ un.
- Brotos • a gosto

Modo de preparo

Molho grana padano
1. Bata no liquidificador o ovo, o alho, a mostarda, e por último adicione o suco de limão e o queijo grana padano.
2. Para dar liga, adicione, aos poucos, o óleo (bem devagar) até se formar uma espécie de maionese.

Ceviche
1. Cozinhe a vieira na água e sal por 2 minutos.
2. Retire da água e reserve na geladeira, em recipiente fechado, de preferência forrado com papel-toalha.
3. Enquanto isso, misture o leite de tigre com o molho de grana padano e reserve.
4. Pique em quadradinhos pequenos o pimentão, a cebola, o pepino-japonês e as alcaparras.
5. Junte as vieiras com o leite de tigre e o molho de grana padano, e vá adicionando os vegetais picados em seguida.

Batata-doce frita
1. Corte a batata-doce na mandolina, em finas lâminas, no sentido do comprimento.
2. Aqueça o óleo em uma fritadeira e frite por imersão, até ficar crocante.

Montagem do prato
1. Em um prato fundo, sirva o ceviche com a batata-doce frita e o abacate cortado.
2. Finalize a decoração com os brotos.

CEVICHE DE MEXILHÃO

Mexilhão ou choro, como também é conhecido no Peru, é um molusco muito usado em nossa gastronomia, em várias preparações, entre ceviches, caldos e massas.

Ingredientes

Ceviche
- Mexilhão • 15 un.
- Água • q. b.
- Azeite • 30 ml
- Cebola • 50 g
- Alho • 20 g
- Vinho branco • 100 ml

Pasta de pimenta-de-cheiro
- Pimenta-de-cheiro • 200 g
- Azeite de oliva • 500 ml
- Alho • 50 g

Mandioca frita
- Mandioca • 400 g
- Água • a gosto
- Sal • a gosto
- Óleo de milho • 300 ml

Vinagrete de dedo-de-moça
- Cebola • 100 g
- Tomate • 50 g
- Pimenta dedo-de-moça sem semente • 30 g
- Coentro • 10 g
- Vinagre de maçã • 20 ml
- Limão • 2 un.
- Alho • 5 g
- Pimenta-do-reino • a gosto
- Sal • a gosto
- Azeite • 30 ml

Complementos para a montagem do prato
- Pasta de pimenta-de-cheiro • 40 g
- Leite de tigre (ver receita p. 89) • 70 ml
- Coentro • a gosto
- Vinagrete de dedo-de-moça • 30 g
- Agrião • a gosto

Modo de preparo

Ceviche
1. Limpe os mexilhões frescos com bastante água e reserve.
2. Em uma frigideira, coloque azeite e esquente, adicionando a cebola e o alho picado.
3. Em seguida, coloque os mexilhões e adicione o vinho branco.
4. Tampe por 5 minutos, aguardar até que os mexilhões se abram.
5. Deixe esfriar, retire os mexilhões da concha e reserve na geladeira.

Pasta de pimenta-de-cheiro
1. Limpe a pimenta-de-cheiro.
2. Leve-a para uma panelinha com o azeite e o alho a 75 °C, por 40 minutos.
3. Coe a pimenta na peneira e bata no liquidificador com o alho e um pouco de azeite, até se tornar uma pasta.

Mandioca frita

1. Limpe e cozinhe a mandioca com água e sal a gosto até ficar macia.
2. Retire da panela, cortando em cubos de 2 cm, para, em seguida, congelar.
3. Depois, frite a mandioca em óleo bem quente até que fique dourada. Finalize colocando sal.

Vinagrete de dedo-de-moça

1. Pique todos os ingredientes, bem pequenos e misture tudo.
2. Finalize com sal e azeite.

Montagem do prato

1. Junte os mexilhões com a pasta de pimenta-de-cheiro e o leite de tigre, adicionando ainda o coentro.
2. Sirva em um prato fundo, com a mandioca frita e o vinagrete de dedo-de-moça, finalizando com folhas de agrião.

CEVICHE DE ATUM E FRUTAS

Um dos pratos mais refrescantes e diferentes, por conta da mistura de frutas com o peixe e a goiabada, o ceviche de atum e frutas traz uma combinação agridoce perfeita. A quinoa entra para dar a crocância que um ceviche deve ter.

Ingredientes

Calda de goiabada
- Água • 100 ml
- Doce de goiaba • 300 g
- Gengibre laminado • 30 g

Ceviche
- Filé de atum • 90 g
- Manga • 20 g
- Melancia • 20 g
- Lichia • 20 g
- Cebola • 20 g
- Pepino-japonês • 30 g
- Leite de tigre (ver receita p. 89) • 60 ml
- Calda de goiabada • 60 ml

Quinoas crocantes
- Quinoa branca • 50 g
- Quinoa preta • 50 g
- Água • 500 ml
- Óleo de milho • 300 ml
- Sal • a gosto

Complementos para a montagem do prato
- Quinoa crocante • 20 g
- Broto de coentro • a gosto

Modo de preparo

Calda de goiabada
1. Diluir em água a goiabada, levando-a ao fogo com o gengibre.
2. Cozinhe até que tenha a textura de xarope.
3. Passe na peneira e reserve na geladeira.

Ceviche
1. Corte o atum em cubos de 2 cm, junto com a manga, a melancia e a lichia, adicionando a cebola e o pepino-japonês.
2. Misture com o leite de tigre e a calda de goiabada, até integrar tudo e, no fim, adicione o sal.

Quinoas crocantes
1. Coloque as quinoas em uma panela e cozinhe por 15 minutos em fogo alto.
2. Retire-as e seque-as bem sobre um papel-toalha.
3. Em uma frigideira, aqueça o óleo e frite as quinoas até ficarem douradas.
4. Coloque-as em um papel-toalha e adicione o sal. Assim, as quinoas ficarão crocantes.

Montagem do prato
Em um prato fundo, sirva o ceviche com muita calda e finalize com as quinoas crocantes, o azeite verde de coentro e o broto.

CAUSA ACEVICHADA

Dois pratos emblemáticos da gastronomia peruana se juntam para fazer nascer uma entrada bem característica do Peru.

Ingredientes

Massa de causa tradicional

- Batata asterix • 400 g
- Água • 600 ml
- Sal • 20 g
- Limão • 3 un.
- Óleo de milho • 100 ml
- Pimenta-do-reino • a gosto
- Pimentão amarelo • 200 g
- Cebola • 50 g
- Alho • 20 g

Complementos para a montagem do prato

- Massa tradicional de causa • 140 g
- Maionese branca (ver receita p. 89) • 20 g
- Abacate • ½ un.
- Ceviche clássico (ver receita p. 95) • 70 g
- Milho-verde cozido • 20 g
- Milho cancha peruano • 20 g

Modo de preparo

Massa de causa tradicional

1. Coloque em uma panela as batatas com pele, a água e o sal e cozinhe em fogo baixo, com a tampa, até ficarem bem macias.
2. Com as batatas ainda quentes, descasque-as, passando na peneira bem fininha.
3. Tempere-as com sal e suco de limão e adicione a metade do óleo de milho.
4. Acrescente mais um pouco de sal e pimenta-do-reino e reserve a massa na geladeira.
5. Corte o pimentão amarelo e leve-o a uma frigideira junto com a cebola picada e o alho e frite-o até ficar mole.
6. Retire a mistura do fogo e bata no liquidificador.
7. Em seguida, passe o conteúdo na peneira.
8. Espere esfriar e misture com a massa de batata reservada anteriormente.

Montagem do prato

1. Em uma forma circular, coloque a metade da massa de causa.
2. Adicione um pouco de maionese e abacate, cobrindo com o restante da massa de causa.
3. Finalize com o ceviche clássico, um pouco de milho-verde cozido e o milho cancha peruano.

CEVICHE VEGANO DE COGUMELOS E TOFU

Apresentamos agora um ceviche vegano, que mistura o sabor oriental com os cogumelos e o toque defumado do tofu.

Ingredientes

Leite de tigre vegano de coco

- Suco de limão • 300 ml
- Cebola • 20 g
- Aipo • 30 g
- Gengibre • 10 g
- Alho-poró • 10 g
- Pimenta dedo-de-moça • 10 g
- Caldo de vegetais • 80 ml
- Sal • a gosto
- Pimenta-do-reino • a gosto
- Creme de coco • 150 ml

Molho oriental

- Molho shoyu • 100 ml
- Molho vegano de ostra • 50 g
- Alho ralado • 10 g
- Gengibre ralado • 10 g
- Vinagre de arroz • 30 ml
- Azeite de gergelim • 30 ml

Ceviche

- Cogumelo-de-paris • 60 g
- Cogumelo portobello • 60 g
- Ervilha-torta • 20 g
- Leite de tigre vegano de coco • 50 g
- Molho nikkei • 40 ml
- Tofu defumado • 40 g

Quinoa crocante

- Quinoa branca • 50 g
- Quinoa preta • 50 g
- Água • 500 ml
- Óleo de milho • 300 ml
- Sal • a gosto

Complementos para a montagem do prato

- Quinoa crocante • 30 g
- Cebolinha picada • a gosto
- Agrião (folhas) • a gosto

Modo de preparo

Leite de tigre vegano de coco

1. Bata no liquidificador o suco de limão, a cebola, o aipo, o gengibre, o alho-poró, a pimenta dedo-de-moça, o caldo de vegetais, o sal e a pimenta-do-reino com o creme de coco.
2. Reserve essa mistura na geladeira.

Molho nikkei

1. Em uma tigela, misture todos os ingredientes.
2. Reserve.

Ceviche

1. Corte os cogumelos em quatro pedaços; dependendo do tamanho podem ser dois.
2. Em seguida, corte a ervilha-torta em bastões e coloque em uma panela com água e sal junto com os cogumelos.
3. Quando a água estiver fervendo, retire-os e transfira-os para um recipiente coberto com papel-toalha.
4. Deixe-os esfriar e, em outra vasilha, misture o cogumelo e a vagem com o leite de tigre, o molho nikkei e o tofu picado em cubos de 2 cm.

Quinoa crocante

1. Coloque em uma panela as duas quinoas e cozinhe por 15 minutos em fogo alto.
2. Retire e seque-as bem sobre um papel-toalha.
3. Em uma frigideira, esquente o óleo e frite as quinoas até ficarem douradas.
4. Coloque-as novamente sobre um papel-toalha e adicione sal. Assim, a quinoa ficará crocante.

Montagem do prato

1. Em um prato fundo, adicione o ceviche.
2. Acrescente o mix de quinoas, a cebolinha picada e as folhas de agrião.

CEVICHE DE CAMARÃO AO CURRY

Juntamos duas das cozinhas mais importantes da gastronomia mundial, a peruana e a tailandesa. Com seus temperos, vegetais e frutas, preparamos um ceviche muito contundente em termos de sabor: frutado, cremoso e com ligeira doçura pelo uso da banana, da manga e do abacaxi. É um prato bem marcante também pela acidez do leite de tigre, criando, assim, uma variedade de ceviche muito diferente.

Ingredientes

Creme de curry

- Manteiga • 20 g
- Capim-limão • 20 g
- Gengibre • 35 g
- Alho • 25 g
- Alho-poró • 40 g
- Curry indiano em pó • 20 g
- Creme de leite fresco • 500 ml
- Sal • a gosto
- Pimenta-do-reino • a gosto

Ceviche

- Manga • 20 g
- Abacaxi • 20 g
- Cebola em juliana • 10 g
- Pepino-japonês em juliana • 10 g
- Leite de tigre (ver receita p. 89) • 80 ml
- Creme de curry • 60 ml
- Camarão cozido • 100 g
- Coentro picado • 1 colher (sopa)

Banana crocante

- Banana-da-terra verde • 2 un.
- Óleo de milho • 300 ml
- Sal • a gosto

Complementos para a montagem do prato

- Amendoim torrado • 10 g
- Coentro (folhas) • 1 colher (sopa)
- Banana crocante • 60 g

Modo de preparo

Creme de curry

1. Coloque em uma panela a manteiga e os vegetais, para grelhar.
2. Adicione o curry indiano em pó, o creme de leite, o sal e a pimenta.
3. Cozinhe a mistura por 15 minutos em fogo médio e deixe esfriar.

Ceviche

1. Corte a manga e o abacaxi em cubos de 1 cm.
2. Junte ao preparo a cebola e o pepino-japonês cortados em juliana.
3. Adicione o leite de tigre e o creme de curry e misture-os.
4. No final, acrescente o camarão cozido e o coentro.

Banana crocante

1. Corte a banana em lâminas (com a ajuda de uma mandolina).
2. Frite-as no óleo bem quente.
3. Coloque-as sobre o papel-toalha para retirar o excesso de gordura.
4. Acrescente sal e reserve.

Montagem do prato

1. Coloque em um prato fundo a preparação do ceviche, com todo o molho.
2. Adicione o amendoim torrado, as folhas de coentro e a banana crocante.

CHICHARRÓN DE LULA

É a base mais importante dos ceviches, atualmente. Fora do Peru, poucos sabem que ela também é servida como uma entrada, só que se acrescentam peixe e milhos, sendo servido em copo tipo dry martíni.

Ingredientes

Ceviche
- Leite de tigre (ver receita p. 89) • 150 ml
- Peixe • 70 g

Chicharrón de lula
- Lula • 200 g
- Ovo • 2 un.
- Sal • a gosto
- Farinha de trigo • 70 g
- Amido de milho • 70 g
- Alho em pó • 5 g
- Pimenta branca • 5 g
- Óleo de milho • q. b.

Complementos para a montagem do prato
- Cebola picada • 30 g
- Milho-verde cozido • 30 g
- Milho cancha peruano • 20 g
- Chicharrón de lula • 40 g

Modo de preparo

Ceviche
1. Bata o leite de tigre no liquidificador junto com a metade do peixe.
2. Passe a mistura em uma peneira e reserve-a na geladeira.
3. Corte a outra metade do peixe em cubos de 1 cm e também a reserve na geladeira.

Chicharrón de lula
1. Corte a lula em rodelas finas.
2. Passe essas rodelas no ovo batido, tempere com um pouco de sal e reserve.
3. Em outro recipiente, misture a farinha de trigo, o amido de milho, o alho em pó e a pimenta branca.
4. Retire, com uma peneira, as rodelas de lula do ovo batido e empane-as com a mistura de farinha.
5. Remova o excesso de farinha e frite as rodelas de lula empanadas em óleo quente até dourarem.

Montagem do prato
1. Coloque em um copo gelado, pela ordem, o peixe em cubos reservado, a cebola picada, os milhos e a mistura de leite de tigre com peixe também reservada, até cobrir tudo.
2. Finalize com o chicharrón de lula.

CEVICHE DE PATO

Prato típico do norte do Peru, não deixa de ser uma versão do francês "Canard à l'orange". A acidez do limão e da laranja, junto com as pimentas, faz um cozido que remete aos sabores do ceviche. Em geral, é acompanhado de arroz branco e mandioca cozida com guarnições, formando uma combinação perfeita.

Ingredientes

Ceviche

- Pato (inteiro) • 1 un.
- Sal • a gosto
- Pimenta-do-reino • a gosto
- Cominho • a gosto
- Pasta de pimentão amarelo (ver receita p. 91) • 50 g
- Cerveja escura • 200 ml
- Cebola • 200 g
- Alho em pasta • 50 g
- Extrato de tomate • 20 g
- Suco de limão • 60 ml
- Suco de laranja • 60 ml
- Louro (folha) • 1 un.
- Coentro picado • 20 g

Complementos para a montagem do prato

- Arroz branco cozido • 100 g
- Mandioca cozida • 150 g
- Cebola em juliana • a gosto
- Limão • 1 un.

Modo de preparo

Ceviche

1. Separe a coxa do peito do pato e tempere com sal, pimenta-do-reino, cominho, metade da pasta de pimentão amarelo e metade da cerveja.
2. Leve essa marinada à geladeira por 2 horas, pelo menos.
3. Em uma panela, grelhe o pato até dourar.
4. Retire da panela e coloque a cebola, o alho, acertando o sal, a pimenta-do-reino e o cominho bem sequinho.
5. Adicione o restante da pasta de pimentão e da cerveja, o extrato de tomate e os sucos do limão e da laranja.
6. Coloque as peças de pato, a folha de louro e tampe.
7. Cozinhe até que a carne de pato fique macia e finalize com coentro picado.
8. Reserve o molho do cozimento.

Montagem do prato

1. Coloque o arroz branco, a mandioca e o ceviche de pato.
2. Em seguida, despeje o molho reservado e finalize com a cebola em juliana e com o limão cortado em pedaços uniformes.

CEVICHE QUENTE DE CAMARÃO

Um ceviche quente. As variações podem ser infinitas! Nessa apresentação, destacamos o camarão junto com a mandioca e a salada de feijão bem brasileira.

Ingredientes

Salada de feijão-tropeiro

- Feijão-fradinho cozido • 100 g
- Cebola • 30 g
- Tomate • 20 g
- Pimenta dedo-de-moça • 10 g
- Pimenta-de-cheiro • 10 g
- Coentro • a gosto
- Limão • a gosto
- Azeite • a gosto
- Sal • a gosto
- Pimenta-do-reino • a gosto

Ceviche

- Camarão inteiro • 3 un.
- Sal • a gosto
- Pimenta-do-reino • a gosto
- Mandioca cozida • 80 g
- Salada de feijão-tropeiro • 50 g

Complementos para a montagem do prato

- Leite de tigre • 80 ml
- Pasta de pimentão amarelo (ver receita p. 91) • 40 g
- Coentro • a gosto

Modo de preparo

Salada de feijão-tropeiro

1. Misture o feijão com a cebola, o tomate, a pimenta dedo-de-moça e a pimenta-de-cheiro bem picadinhos.
2. Acrescente o coentro e o limão e envolva-os.
3. Finalize com o azeite, o sal e a pimenta-do-reino.

Ceviche

1. Limpe os camarões, e deixe as cabeças.
2. Tempere-os com o sal e a pimenta-do-reino e coloque-os em uma chapa de ferro fundido bem quente.
3. Mantenha os camarões na chapa até que fiquem cozidos e retire-os do fogo.
4. Acrescente a mandioca cozida e finalize com a salada de feijão-tropeiro.

Montagem do prato

1. Finalize o prato do ceviche com o leite de tigre misturado com a pasta de pimentão amarelo.
2. Adicione coentro a gosto.

Sobremesas

SUSPIRO LIMEÑA

Ingredientes

Creme de suspiro

- Leite integral • 1 litro
- Canela em pau • 5 g
- Cravo-da-índia • 2 g
- Casca de laranja-pera • 10 g
- Leite condensado • 300 g

Merengue de vinho do Porto

- Açúcar • 150 g
- Vinho do Porto • 100 ml
- Clara de ovo • 3 un.

Complemento para a montagem do prato

- Canela em pó • a gosto

Modo de preparo

Creme de suspiro

1. Em uma panela, coloque o leite, a canela, o cravo-da-índia e a casca da laranja e cozinhe por alguns minutos para dar sabor.
2. Acrescente o leite condensado, reduza a mistura até obter a textura de doce de leite e deixe esfriar.

Merengue de vinho do Porto

1. Em uma panela pequena, coloque o açúcar e o vinho do Porto e misture-os.
2. Cozinhe o preparo até 120 °C ou ponto de bala mole e reserve.
3. Coloque as claras na batedeira e bata até dobrar de volume.
4. Adicione o preparo de açúcar reduzido com vinho do Porto e bata até esfriar.

Montagem do prato

1. Coloque em uma taça de dry martíni o creme de suspiro até a metade.
2. Com a ajuda de um saco de confeiteiro, adicione o merengue.
3. Finalize com canela em pó e mantenha a sobremesa na geladeira até servir.

PICARONES

Ingredientes

Picarones

- Abóbora japonesa • 200 g
- Batata-doce • 200 g
- Sal • 5 g
- Açúcar • 40 g
- Erva-doce • 5 g
- Canela em pau • 5 g
- Farinha de trigo • 250 g
- Ovo • 30 g
- Fermento seco • 7 g
- Água • q. b.
- Óleo de milho • a gosto

Mel de rapadura

- Rapadura • 400 g
- Laranja-pera • 10 g
- Folhas de figo • 2 g
- Canela em pau • 10 g
- Cravo-da-índia • 4 un.

Modo de preparo

Picarones

1. Coloque a abóbora e a batata-doce cortadas, em cubos, em uma panela pequena.
2. Adicione o sal, o açúcar, a erva-doce e a canela e cozinhe até que os legumes fiquem macios.
3. Amasse a abóbora e a batata-doce até obter um purê.
4. Em seguida, misture esse purê com a farinha, o ovo, o fermento seco hidratado, um pouco de água e amasse até ficar tudo bem integrado.
5. Deixe essa massa fermentar para ganhar leveza.
6. Frite-a em óleo abundante, em forma de rosquinhas.

Mel de rapadura

1. Coloque todos os ingredientes em uma panela.
2. Cozinhe esses até alcançar o ponto de xarope.
3. Passe a mistura por uma peneira e reserve o xarope.

Drinques

PISCO SOUR

Ingredientes
- Pisco peruano • 90 ml
- Suco de limão • 30 ml
- Xarope de açúcar • 30 ml
- Gelo • a gosto
- Clara de ovo pasteurizada • 30 ml

Complemento para a montagem do drinque
- Bitter Angostura • 1 gota

Modo de preparo
1. Em uma coqueteleira, adicione o pisco, o suco de limão e o xarope.
2. Bata com gelo abundante.
3. No final, acrescente a clara de ovo e bata mais um pouco.

Montagem do drinque
1. Coloque o drinque em copo bem frio.
2. Finalize com uma gota do bitter Angostura e sirva.

CAIPI PISCO

Ingredientes
- Limão • 2 un.
- Açúcar • 60 g
- Pisco peruano • 75 ml

Complementos para a montagem do drinque
- Gelo • a gosto
- Limão (rodelas) • 1 un. (opcional)

Modo de preparo
1. Em uma coqueteleira, acrescente o limão cortado em quatro pedaços uniformes e o açúcar e amasse-os.
2. Adicione o pisco, o gelo e bata muito.

Montagem do drinque
1. Em um copo de caipirinha, despeje o conteúdo da coqueteleira.
2. Acrescente as rodelas de limão e sirva.

CHICHA MULE

Ingredientes

Pisco macerado de milho-roxo

- Pisco • 500 ml
- Milho-roxo • 100 g
- Canela em pau • 10 g

Xarope de gengibre

- Gengibre • 250 g
- Açúcar • 500 g
- Água • 500 g

Xarope de milho-roxo

- Infusão de milho-roxo • 250 g
- Açúcar • 500 g
- Casca de limão-siciliano • 1 un.

Espuma de milho-roxo

- Xarope de milho-roxo • 300 ml
- Suco de limão-taiti • 45 ml
- Emulsificante • 20 g

Complementos para a montagem do drinque

- Pisco macerado de milho-roxo • 50 g
- Suco de limão • 10 g
- Xarope de gengibre • 20 g
- Água tônica • 30 ml
- Gelo • a gosto
- Espuma de milho-roxo • a gosto

Modo de preparo

Pisco macerado de milho-roxo

1. Adicione, em uma garrafa, o pisco junto com o milho-roxo e a canela.
2. Reserve essa mistura por 30 dias tampada.

Xarope de gengibre

1. Leve todos os ingredientes ao fogo.
2. Mexa-os até alcançar o ponto de xarope.

Xarope de milho-roxo

1. Em uma panela, acrescente todos os ingredientes.
2. Leve-os ao fogo até formar um xarope.

Espuma de milho-roxo

1. Bata em um liquidificador o xarope de milho-roxo, o suco de limão-taiti e o emulsificante.
2. Coloque em um sifão de bar para fazer a espuma.

Montagem do drinque

1. Coloque, em um copo bem gelado, o pisco macerado de milho-roxo, o suco de limão, o xarope de gengibre, a água tônica e o gelo, para, em seguida, misturar tudo.
2. Finalize com a espuma de milho-roxo.

CHILCANO DE PISCO

Ingredientes
- Gelo • 7 a 8 cubos
- Pisco peruano • 60 ml
- Limão (gotas) • a gosto
- Bitter Angostura • 5 gotas
- Refrigerante ginger ale • 200 ml

Complementos para a montagem do drinque
- Limão (rodelas) • 1 un.
- Capim-limão (folhas) • a gosto
- Gelo • 7 a 8 cubos

Modo de preparo
1. Em um copo tipo long drink, coloque os cubos de gelo, o pisco, gotas de limão e do bitter Angostura.
2. Acrescente o ginger ale até o topo do copo.

Montagem do drinque
Finalize o preparo, decorando o drinque com as rodelas de limão e as folhas de capim-limão.

Índice de receitas

- Base de azeite verde de coentro • 88
- Base de azeite vermelho de urucum • 88
- Base de leite de tigre grande • 89
- Base de maionese branca • 89
- Base de molho nikkei • 91
- Base de molho teriyaki • 91
- Base de pasta de pimentão amarelo • 91
- Base de pesto de coentro • 91
- Caipi pisco • 151
- Causa acevichada • 127
- Ceviche chifa • 111
- Ceviche clássico • 95
- Ceviche de atum e frutas • 125
- Ceviche de camarão ao curry • 133
- Ceviche de mexilhão • 121
- Ceviche de pato • 139
- Ceviche de polvo • 99
- Ceviche de vieiras • 117
- Ceviche nikkei • 103
- Ceviche norteño • 97
- Ceviche Peru-Brasil • 107
- Ceviche quente de camarão • 141
- Ceviche tartare • 109
- Ceviche vegano de cogumelos e tofu • 129
- Ceviche vegetariano de palmito e alcachofra • 113
- Chicha mule • 153
- Chicharrón de lula • 137
- Chilcano de pisco • 155
- Picarones • 145
- Pisco sour • 147
- Suspiro limeña • 143

A Editora Senac Rio publica livros nas áreas de Beleza e Estética, Ciências Humanas,
Comunicação e Artes, Desenvolvimento Social, Design e Arquitetura,
Educação, Gastronomia e Enologia, Gestão e Negócios,
Informática, Meio Ambiente, Moda,
Saúde, Turismo e Hotelaria.

Visite o site **www.rj.senac.br/editora**,
escolha os títulos de sua preferência e boa leitura.

Fique atento aos nossos próximos lançamentos!

À venda nas melhores livrarias do país.

Editora Senac Rio
Tel.: (21) 2018-9020 Ramal: 8516 (Comercial)
comercial.editora@rj.senac.br

Fale conosco: faleconosco@rj.senac.br

Este livro foi composto nas tipografias Practical Serif e SantaElia Rough,
e impresso pela Coan Indústria Gráfica Ltda., em papel *couché matte* 150 g/m²,
para a Editora Senac Rio, em abril de 2025.